Vita Agenda

DIE GESCHICHTE VON MARCUS UND AFRA
IM ALTEN ROM

von Henning Fisahn

sowie von Wolfgang Böcker und Katja Sievert

Zeichnungen von: Achim Köhler / Jochen Linnemann / Friederich Hövelmann

mit Vorarbeiten, Anregungen und Beiträgen
der AG Latein der RP Münster u. Arnsberg
in den Kapiteln 1 bis 6.
Dortmund, im März 2001

Alle Rechte liegen beim Autor
Herstellung: BoD™ – Books on Demand GmbH
ISBN: 3-8311-1566-4

Vorwort

Das Buch *Vita Agenda* ist ausgerichtet für den in Jgst. 9 einsetzenden Latein-unterricht, ein Einsatz in Jgst. 7 ist allerdings auch denkbar.

Vita Agenda versucht, in ganzheitlicher Methodik die lateinische Sprache und ihre Grammatik in den sozialgeschichtlichen und kulturellen Kontext der römischen Lebenswirklichkeit zu stellen. Mit dieser Zielrichtung wird eine von der ersten bis zur letzten Lektion fortlaufende Geschichte erzählt; der jugendliche Held dieser Erzählung sieht sich mit Alltagsproblemen, aber auch mit wichtigen Entscheidungen in seiner Adoleszenz konfrontiert.

Die Intention dieser **Text**methodik ist es, den Schülern (endlich einmal) die Möglichkeit zu geben, sich in den Inhalten auch eines Lateinbuches ein wenig wiederzufinden und nicht in nach lediglich grammatikalischen Gesichtspunkten erstellten Texten entweder nichts über das Leben der Römer zu erfahren, oder aber in willkürlicher Aneinanderreihung historischer, meist militärgeschichtlicher Ereignisse die Erkenntnis zu gewinnen, dass fast alle Römer mit großer Hingabe Krieg geführt haben.

So knüpfen die **res Romanae** der *Vita Agenda* auch immer an das Geschehen des Lektionstextes an und systematisieren das jeweilige Sachgebiet. Dabei ist versucht worden, ein möglichst umfassendes Bild römischer Sozialgeschichte zu vermitteln.

Die Auswahl der **grammatischen** Schwerpunkte ist so konzipiert, dass den Schülern nach der Spracherwerbphase mit der *Vita Agenda*, die sicherlich nach drei Schulhalbjahren abgeschlossen sein kann, das Rüstzeug für die Lektüre einfacher, entsprechend aufgearbeiteter und didaktisch reduzierter lateinischer Literatur gegeben ist. Alle grammatischen Bereiche, die ausgespart worden sind, können an entsprechender Stelle in der Lektürephase erläutert und erlernt werden.

Anmerkungen zum Gebrauch

In den Vokabellisten wird das Lernvokabular vom übrigen durch Fettdruck unterschieden. Die Übersicht des Lernvokabulars am Ende des Buches soll dem Lehrer bei der Erstellung der Klassenarbeiten das ständige Blättern in den Vokabellisten ersparen.

Die Formenlehre im Anschluss an Lektion 16 ist nicht vollständig ausgefüllt, es soll Aufgabe des Schülers sein, die jeweils neue grammatische Form in **seine** Grammatik einzutragen, so dass ihm die lateinische Formenlehre nicht allzu steril entgegentritt und ihn die Masse der (zunächst ja noch unbekannten) verschiedenen Formen nicht abschreckt.

Dortmund, im März 2001   Henning Fisahn

INHALTSVERZEICHNIS

1. Das lateinische Alphabet

A B C D E F G H I J K L M N O P Q R S T U V W X Y Z

K, Y und Z werden in der lateinischen Sprache sehr selten verwendet. Normalerweise werden alle Wörter klein geschrieben. Nur Wörter am Satzanfang und Eigennamen werden groß geschrieben.

2. Aussprache

Ein C wird gesprochen wie im Deutschen das K (centurio = kenturio).

Bei Wörtern, die ein -ti- + Vokal enthalten, werden diese beiden Buchstaben einzeln ausgesprochen; also et-iam (nicht eziam).

Zwei aufeinanderfolgende Vokale werden oft einzeln gesprochen:

me-us (mein)
di-es (Tag)
e-i (ihm).

3. Längen und Kürzen

Im Lateinischen gibt es lange und kurze Vokale. Die langen Vokale werden in den Lektionstexten mit einem Strich über dem Vokal gekennzeichnet: ā ē ī ō ū, z.B. colōnia (im Deutschen dagegen: Kolonīe).

4. Betonungen

Mehrsilbige Wörter werden auf der vorletzten Silbe betont, wenn diese lang ist.
Sie ist dann lang, wenn sie entweder einen langen Vokal (ā ē ī ō ū z.B. amīcus) enthält oder einen Diphthong (ae oe ie ei eu z.B amoénus). Auch wenn auf einen Vokal zwei oder mehr Konsonanten folgen, gilt die Silbe als lang, daher: puélla, tabérna.
Ist aber die vorletzte Silbe kurz, so wird die drittletzte betont: stúpidus, Germánia.

1 Lūdus fīnītus est.

Itaque Marcus domum properat.

Subitō tabernam novam videt.

Marcus intrat.

5 Botellum et vīnum cupit.

Tandem puella formōsa cibum apportat.

Diū Marcus puellam spectat.

Tum puella ērubēscit...

Vokabeln (Lek.1)

1	**lūdus**	:	die/eine Schule; das/ein Spiel	
	fīnītus,-a,-um	:	beendet	D Finale I finito E finish
	est	:	er, sie, es ist	F il est
	itaque	:	deshalb	
5	Marcus	:	Marcus	
	domum	:	nach Hause	D Dom
	properāre	:	laufen, eilen	
	subitō	:	plötzlich	E sudden F subit I subito
	taberna	:	die/eine Gaststätte, die/eine Kneipe	D Taverne
10	**novus,-a,-um**	:	neu	D renovieren, Novität F neuf
	vidēre	:	sehen	D Video F voir
	intrāre	:	betreten, eintreten	E enter F entrer
	botellus	:	das/ein Würstchen	
	et	:	und	F et
15	**vīnum**	:	Wein	E wine F vin I vino
	cupere	:	wünschen, wollen	
	tandem	:	endlich	
	puella	:	das/ein Mädchen	
	formōsus,-a,-um	:	schön, hübsch	D Form
20	**cibus**	:	die/eine Speise, das/ein Essen	
	apportāre	:	herbeitragen, bringen	D apportieren F apporter
	diū	:	lange	
	spectāre	:	betrachten, ansehen	D Spektakel, Spektrum
	tum	:	dann, daraufhin	
25	ērubēscere	:	erröten	

Wichtige grammatische Ausdrücke

Alle diese Fachausdrücke kennst du bereits aus dem Deutschunterricht.
Wenn sie dir noch nicht geläufig sind, solltest du sie dir jetzt einprägen!

KASUS (Fall)

		Marcus isst		
1. Fall:	Wer oder was?	der Käse	caseus	**Nominativ**
2. Fall:	Wessen?	des Käses	casei	**Genitiv**
3. Fall:	Wem?	dem Käse	caseo	**Dativ**
4. Fall:	**Wen oder was ?**	**den Käse**	**caseum**	**Akkusativ**

NUMERUS

Einzahl	= **Singular**	das Spiel	ludus
Mehrzahl	= **Plural**	die Spiele	ludi

GENUS (grammatisches Geschlecht)

der	die	das
männlich	weiblich	sächlich → **masculinum, femininum, neutrum**

der / ein Sohn	filius
die / eine Tochter	filia

Adjektive stimmen mit dem Substantiv, das sie erläutern,
in **K**asus, **N**umerus und **G**enus überein:

puell**a** formos**a**   **KNG-Kongruenz**

Satzglieder

Sätze bestehen aus Satzgliedern.
Jedes Satzglied hat eine bestimmte Funktion.
Ein vollständiger Satz enthält mindestens das **Prädikat** und in der Regel auch das **Subjekt**. Dazu können die verschiedenen **Objekte** und **Adverbiale** kommen.
Satzglieder bestehen aus einzelnen oder mehreren Wörtern oder Sätzen.

Das SUBJEKT	Das PRÄDIKAT	Das OBJEKT	Das ADVERBIALE
sagt, <u>wer</u> in einem Satz etwas tut oder erleidet	teilt mit, <u>was</u> <u>geschieht</u>	sagt, auf wen sich die Tätigkeit bezieht	sagt, <u>wie</u>, <u>wann</u>, <u>wo</u>, <u>warum</u>, <u>wozu</u>... etwas getan wird
"TÄTER"	"TUN"	"OPFER"	"UMSTÄNDE"

Beispiele:

Marcus	betrachtet	Afra	gerne.
Ein Junge	betrachtet	das Mädchen	mit Freude.
Er	betrachtet	sie,	weil sie ihm gefällt
Der Neugierige	betrachtet,	wen er sieht.	
Wer Afra kennt,	trifft	sie,	wann immer er kann.

Alle Substantive (=Nomen) können durch **Attribute** näher erläutert werden.
Attribute können also Teile von Subjekten, Objekten und Attributen sein:

Beispiele:

Ein Mann	ruft		den Hund.
Ein **großer** Mann			den **armen kleinen** Hund.
Der Mann **meiner Schwester**			den Hund **meiner Tante**.
Der Mann **mit den roten Haaren**			den Hund **mit den langen Ohren**.
Der Mann, **den ich gestern getroffen habe,**			den Hund, **der ihn anbellt**.
Der Mann, **ein dicker, großer, gemein aussehender Kerl,**			
den Hund, **ein bissig aussehendes, knurrendes Ungeheuer.**			

Fahrräder | Sätze

Jedes Fahrrad setzt sich aus bestimmten Teilen bzw. Funktionsgruppen zusammen	Für die ART der Ausführung gibt es jedoch bei jedem Baugruppe verschiedene Möglichkeiten:	Manche dieser Funktionsgruppen sind absolut notwendig, andere nicht:			
Rahmen	Stahl, Alu, Titan....Damen-, Herren-, Mixterahmen	+++			
Räder / Reifen	Ballon, Hochdruck, Schlauchreifen ...	+++			
Lenkung	...	+++			
Bremsen	Felge/Cantilever, Trommel, ...	+++			
Schaltung	ohne, Nabe, Kette, ...	-			
Beleuchtung	Batterie, Akku, Dynamo (Felge, Walze, Nabe)	(+/-)			
...	...	...			

Jeder Satz setzt sich aus Satzgliedern zusammen. Es gibt nur 4 verschiedene:	Jedes Satzglied kann von verschiedenen Wortarten gebildet werden	Manche Satzglieder müssen in jedem Satz vorkommen, andere nicht:	Beispiel
Prädikat	- Verben - Hilfverb + Adjektiv oder Substantiv	+++	Der Hund *schläft.* *... ist groß.* *... ist ein Dackel.*
Subjekt	- Substantive - Pronomen - Subjektsätze	++	*Der Hund* schläft. *Er ...* *Wer eigentlich wachen sollte,...*
Objekt	- Substantive - Pronomen - Objektsätze	-	Sie liebt *den (traut dem) Pianisten.* *... ihn (ihm).* *... wen (wem) sie will.*
Adverbiale	- Adverbien - adverbiale Bestimmungen (Präposition + Substantiv) - Adverbialsätze	-	Sie geht *schnell.* Sie ärgert sich *wegen des Lärms.* Sie ärgert sich, *weil es so laut ist.*

FARBE kann man den meisten Teilen eines Fahrrades geben.		
ATTRIBUTE können allen Substantiven als Erläuterung hinzugefügt werden.	Attribute können sein: - Adjektive - Attributsätze (Relativsätze) - Genitivattribute usw.	- der *schwarze* Hut - der Hut, *der auf dem Tisch liegt.* - der Hut *des Metzgers*

1. Unterstreiche alle **Prädikate** im Text!

   Was haben alle diese Prädikate gemeinsam?

   Die lat. Prädikate

   _____

   _____

   _____

2. Schreibe die **Subjekte** heraus!

   _____

   _____

   _____

   Auf welche Frage antworten sie und welche Endungen haben sie?

   Die Subjekte

   _____

   _____

   _____

3. Suche alle **Objekte** aus dem Text heraus!

   _____

   _____

   _____

   _____

   _____

   Die Objekte

   _____

   _____

   _____

   Achte auf ihre Endungen!

4. Findest du auch Adverbiale? Schreibe sie heraus und stelle die Fragen, auf die sie antworten!

   _____   _____

   _____   _____

   _____   _____

   _____   _____

   _____   _____

7

TAVERNEN

Die römischen Straßen waren gesäumt von vielen kleinen Geschäften, Läden und Wirtsstuben. Für die verschiedenen Ladenlokale hatten die Römer einen Sammelbegriff: *tabernae*.

Tavernen an der Via Biberatica in Rom

In einer solchen taberna konnten die unterschiedlichsten Gewerbetreibende ihre Dienste anbieten: Geldverleiher, Fleischer, Bäcker, Handwerker oder Gastwirte. Nach dem jeweiligen Gewerbe des Händlers wurde das Wort taberna ergänzt. So hieß das Ladenlokal eines Geldhändlers (argentarius): *taberna argentaria*.
Die tabernae lagen an der Straßenseite großer Mietshäuser und in den Gebäuden, die den Marktplatz einer Stadt umgaben. Eine taberna bestand in den meisten Fällen aus nur einem Raum, in dem die Waren und Vorräte eines Händlers oder die Werkstatt eines Handwerkers untergebracht waren. Dieser Raum war zur Straße hin offen und die Verkaufstheke grenzte unmittelbar an den Gehweg. Mit Schildern oder Inschriften warben die Händler um ihre Kunden. Wenn der Händler sein Geschäft abends verriegelte, verschloss er die Öffnung zur Straßenseite mit Brettern -ähnlich wie mit Rollladen.
Der einzelne Begriff taberna (ohne Zusatz wie argentaria) war für Kneipen oder Gasthäuser üblich.
Es gab eine große Anzahl solcher tabernae, weil viele Römer ihr Frühstück oder ihr kleines Mittagessen in Imbisstuben oder Kneipen zu sich nahmen (nur bei den reichen Römern waren diese Lokale verpönt). Wenn man in diesen Imbisstuben nicht nur essen, sondern auch Wein trinken

konnte, nannte man sie *popina*. Eine taberna, die zusätzlich noch Übernachtungsmöglichkeiten anbot, hieß *caupona*. Die Gästezimmer einer caupona lagen meistens über dem Kneipenraum im ersten Stockwerk. In den einfachen popinae und cauponae aß man stehend, in den besseren Lokalen liegend.

Die kalten Speisen und Getränke wurden in den tabernae in großen Amphoren gelagert. Diese waren in entsprechende Vertiefungen in der Theke eingelassen. An einem Herd bzw. einer Kochstelle konnten warme Speisen zubereitet werden. Als Speisen gab es zur Auswahl: Brot mit Honig, Datteln, Oliven, Würstchen, Käse, Eier, Fisch, Backwerk und *puls*, eine Art Brei aus Weizen- oder Bohnenmehl, der der ärmeren Bevölkerung als Nahrung diente.

Amphoren aus den Überresten einer Schenke in Pompei

Eine eigene Toilette gehörte ebenso zur Einrichtung einer caupona oder popina, wie Tische, Stühle oder Liegen.

Es gab auch einige popina, die neben kühlem Wein auch ein warmes Weingemisch (ähnlich wie Glühwein) anboten. Diese Art von Kneipe wurde *thermopolium* genannt.

Einige caupona standen in keinem guten Ruf, da sie zuweilen auch der Ort für Prostitution waren.

Die meisten Gasthöfe fand man in der Nähe der Stadttore oder entlang der Straßen, die von Reisenden am meisten benutzten wurden. Die Kneipen und Imbissstuben lagen dort, wo man sich üblicherweise -privat oder geschäftlich- traf: in der Umgebung der Foren, Thermen oder Theater. Die Betreiber dieser Lokale waren zumeist ehemalige Sklaven, die sich nach ihrer Freilassung selbstständig gemacht hatten. Sie besaßen manchmal selbst Sklaven, die sie als Kellner oder Serviererinnen beschäftigten.

Frage zum Text:

Heutzutage gibt es viele Arten von Lokalen (Gasthaus, Restaurant, Kneipe...): Untersuche, welches Lokal mit welcher antiken Taberna am ehesten vergleichbar ist.

1 Subitō Pūblius, Quintus, Lūcius, trēs amīcī tabernam intrant.
   Statim Pūblius clāmat:
       "Salvē, Marce! Salvē, Āfra! Mille botellōs, multōs olīvās
       cāseumque edere cupiō! Vīnum quoque apportā!"
5 Āfra salūtat: "Salvē, edax!"
   Sed Marcus tacet.
   Tum amīcī Marcum interrogant:
   "Heus, Marce, cūr tacēs? Nōnne amīcōs tuōs cognōscis?"
   Tandem Marcus: "Quid?... Salvēte, amīcī!"
10 Lūcius rīdet: "Marcus āmens est, quod amans est!"
   Marcus: "Stupidus es...!"
   Sed paulō post pudīcē interrogat:
       "Estne puella vōbīs nōta?"
   Lūcius rīdet: "Certē. Āfra est, līberta est."

Außenansicht einer Taberne in Ostia

Vokabeln (Lek.2)

1	Pūblius	: Publius (Eigenname)	
	Quintus	: Quintus (Eigenname)	
	Lūcius	: Lucius (Eigenname)	
	trēs	: drei	D Trio F trois
5	amīcus	: Freund	F ami S amigo
	statim	: sofort	
	clāmāre	: rufen, schreien	D Klamauk, Reklame E claim
	Salvē!	: Sei gegrüßt!	
	mille	: tausend	D Millionär
10	**multī,-ae,-a**	: viele	D Multiplikation, Multimillionär
	olīva	: Olive	
	cāseus	: Käse	E cheese
	edere	: essen	
	quoque	: auch	
15	**salūtāre**	: begrüßen	D salutieren, Salut
	edax	: Vielfraß	
	sed	: aber	
	tacēre	: schweigen	
	interrogāre	: fragen	D Interrogativpronomen E interrogate F interroger
20	heus	: Hey!	
	cūr?	: warum?	
	nōnne?	: ...denn nicht?; ...etwa nicht?	
	tuus,-a,-um	: dein	F ton
	cognōscere	: erkennen, kennenlernen	D inkognito F connaître
25	**quid?**	: was?	
	rīdēre	: lachen	F rire
	āmens	: von Sinnen, nicht bei Verstand	
	quod	: weil	
	amans	: verliebt	F amoureux
30	stupidus	: blöd	D F stupide E stupid
	es	: du bist	F tu es
	paulō post	: wenig später	
	pudīcē	: schüchtern, verschämt	E pudent F pudeur
	-ne?	: angehängter Fragepartikel (bleibt unübersetzt)	
35	vōbīs	: euch	
	nōtus,-a,-um	: bekannt	D notorisch (überall bekannt, berüchtigt)
	certē	: sicher, klar	E F certain
	līberta	: Freigelassene	

SKLAVEN UND FREIGELASSENE

1. Sklaven (*servi*)

In der Antike war die Sklaverei weit verbreitet und galt wie in allen antiken Kulturen auch in Rom als selbstverständlich.

Sklaven wurden hauptsächlich für schwere körperliche Arbeit gebraucht. Ein Sklave war unfrei, d.h. er war der Besitz eines anderen. Die Römer unterschieden in ihrer Gesellschaft deutlich zwischen freien und unfreien Menschen. Ein Sklave hatte als Unfreier keinerlei Rechte; er wurde als eine Sache bezeichnet und angesehen. Ein Mensch konnte aus unterschiedlichen Gründen zum Sklaven werden:

- Die meisten Sklaven waren Kriegsgefangene. Ein solcher Sklave wurde ***mancipium*** genannt. Die Zahl dieser Sklaven stieg an, wenn Rom einen erfolgreichen Feldzug gegen ein fremdes Volk beendet hatte. So entstanden in Rom regelrechte Märkte, auf denen Sklavenhändler Sklaven kauften und verkauften.
- Das Kind einer Sklavin (***verna***) war ebenso unfrei und gehörte dem Besitzer seiner Mutter.
- In der frühen römischen Republik (ca. 5./4. Jh. v. Chr.) gab es noch die Versklavung von Menschen, die ihre Schulden nicht zurückzahlen konnten.

Der Lebensalltag eines Sklaven richtete sich nach seiner Arbeit. Die Arbeit wurde ihm von seinem Besitzer (***patronus***) zugewiesen und konnte sehr unterschiedlich sein, sowohl wenn er im Dienst des römischen Staates stand, als auch wenn er einen Privatmann zum Besitzer hatte:

1. Im Dienst des Staates stehende Sklaven (***servi publici***) konnten	2. Im Dienst eines Privatmannes stehende Sklaven konnten
- in der Verwaltung eingesetzt werden. Dort hatten sie verschiedene Funktionen als Schreiber, Bote, Sekretär o.ä. - als Gladiatoren bei Festspielen dienen. Sie mussten hier Kämpfe auf Leben und Tod bestreiten. - in Bergwerken arbeiten. Diese Arbeit war sehr schwer, da das Erz mit primitiven Werkzeugen aus dem Gestein geschlagen werden musste. Viele dieser Sklaven mussten Tag und Nacht unter Tage verbringen und sahen daher ihr Leben lang kein Tageslicht mehr. - für den Bau von Straßen und Gebäuden verpflichtet werden. Die Fülle der prachtvollen römischen Bauwerke, die Wasserleitungen, Theater, Thermen o.ä. wäre ohne die Arbeit der vielen Sklaven undenkbar.	- auf den großen Landgütern der reichen römischen Familien arbeiten. Dort wurde vorwiegend Weizen oder Wein angebaut. Die Arbeit auf diesen Gütern war sehr schwer und konnte nur von sehr vielen Sklaven geleistet werden. - in einem Stadthaus einer römischen Familie leben und arbeiten. Diese Sklaven hatten, im Vergleich zu den Bergwerk- oder Landgutsklaven, ein recht erträgliches Leben. Sie standen u.U. in einem Vertrauensverhältnis zu ihrem Herrn, vor allem, wenn sie über eine gewisse Bildung verfügten (z.B. wenn sie Lesen und Schreiben konnten). Solche Sklaven wurden als Hauslehrer oder sogar Hausarzt eingestellt. Haussklaven mussten alle im Haus anfallenden Arbeiten erledigen. Es war ihnen erlaubt, Trinkgelder o.ä. anzusparen (***peculium***), und so konnten sich einige von ihnen später selbst freikaufen.

So waren die Lebensschicksale der Sklaven sehr unterschiedlich. Allen Sklaven gemein war aber, dass sie der willkürlichen Entscheidungsgewalt ihres Besitzers ausgeliefert waren, der u.U. über Leben und Tod des Sklaven entschied.

2. Freigelassene (*libertini*)

Ein Sklave konnte zu einem freien Menschen werden, indem er sich <u>freikaufte</u> oder <u>freigelassen</u> wurde. Die Freilassung wurde ***manumissio***[1] genannt und war auf verschiedene Weisen möglich:

- Der verstorbene Besitzer hatte in seinem Testament die Freilassung verfügt. Diese Freilassung nannte man ***manumissio testamento***.
- Die Freilassung wurde offiziell vor einem Zeugen und einem Staatsbeamten vollzogen. Der Sklave wurde in dieser Zeremonie mit einem Stab (**vindicta**) berührt und damit symbolisch für frei erklärt (***manumissio vindicta***).
- Der Besitzer konnte dem Sklaven erlauben, sich in die Bürgerliste (census-Liste) Roms einzutragen. Mit der Eintragung galt er als frei. (***manumissio censu***).
- Der Besitzer konnte den Sklaven ganz formlos vor mehreren Zeugen oder mit einem Freibrief zum freien Menschen machen.

Mit seiner Freiheit erlangte ein ehemaliger Sklave aber nicht die gleiche gesellschaftliche Stellung wie ein freigeborener Römer. So stand ihm nur ein eingeschränktes Bürgerrecht zu und er wurde fortan als 'ehemaliger Sklave' oder libertinus angesehen. Auch stand er weiterhin in einem engen Verhältnis zu seinem ehemaligen Besitzer. Er gehörte zu seiner Klientel (Gefolgschaft) und musste ihm täglich seine Aufwartung machen.

Die ehemaligen Sklaven standen in der römischen Gesellschaft zwischen den Sklaven und den freigeborenen römischen Bürgern. Erst ihre Enkelkinder wurden als Freigeborene angesehen. Trotz dieser Benachteiligungen schafften einige wenige Freigelassene während der römischen Kaiserzeit einen sozialen Aufstieg: Sie wurden wichtige Beamte und Berater des Kaisers.

Die meisten der Freigelassenen aber verdienten sich ihren Lebensunterhalt als Handwerker, Händler oder Gastwirte.

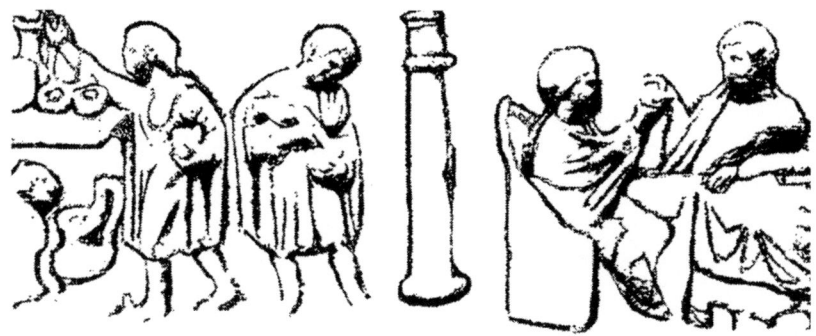

Dieses Fresko zeigt Sklaven beim Herrichten der Getränke

---

[1] *manus* bedeutet ‚Hand' oder auch ‚Gewalt', *mittere*: schicken, (los)lassen; *manusmissio* bedeutet daher ‚aus der Gewalt loslassen, freilassen'.

1   Nunc amīcī cibōs dēvorant, nam botellī et olīvae bene sapiunt.

    Marcus autem nihil edit, quod Āfram clam spectat.

Pūblius: "Thermās petimus, Marce. Thermae nōbīs iūcundae sunt.

              Ibi enim nōs natāre atque lūdere cupimus.

5   Vīsne tū quoque natāre atque lūdere?"

Marcus: "Vōs libenter natātis, vōs thermās amātis.

              Ego nōn amō thermās."

Tum trēs amīcī tabernam relinquunt, Marcus Āfram pudīcē interrogat:

10   "Salvē, Marcus sum.
             Vīsne hodiē mēcum Rōmae ambulāre?"

Āfra: "Hodiē labōrāre dēbeō; sed fortasse crās...?"

Dieses Fresko stellt ein Trinkgelage dar: Der Wein wird hergerichtet,
man stößt an, man trinkt und man macht sich zurecht.

Vokabeln (Lek.3)

1	**nunc**	: nun, jetzt	
	dēvorāre	: verschlingen	
	nam	: denn	
	bene	: gut	F bien I bene
5	**sapere**	: schmecken	
	autem (nachgestellt)	: aber, jedoch	
	nihil	: nichts	
	clam	: heimlich	
	thermae (Pl.)	: Thermen, Hallenbad	D Therme (Warmbad)
10	**petere**	: (zu erreichen suchen) besuchen; gehen zu; verlangen, (er)bitten	D Petition (Bittschrift)
	nōbīs	: uns, für uns	
	iūcundus,-a,-um	: angenehm, beliebt	
	esse	: sein	
	sunt	: (sie) sind	F sont
15	**ibi**	: da, dort	
	enim (nachgestellt)	: nämlich	
	nōs	: wir	F nous
	natāre	: schwimmen	
	atque	: und	
20	**lūdere**	: spielen, scherzen	
	vōs	: du willst	
	tū	: du	F tu
	vōs	: ihr	F vous
	libenter	: gern, mit Vergnügen	
25	**amāre**	: lieben	D Amateur F aimer
	ego	: ich	D Egoist
	nōn	: nicht	F non I no
	relinquere	: verlassen, zurücklassen	D Relikt, Reliquie F relique
	sum	: ich bin	F je suis
30	**hodiē**	: heute	
	mēcum	: mit mir	
	Rōmae	: in Rom	
	ambulāre	: spazieren	D F ambulant E ambulatory
	labōrāre	: arbeiten	D Labor E labor
35	**dēbēre**	: müssen, schulden, verdanken	E debt F devoir
	fortasse	: vielleicht	
	crās	: morgen	

1. Unterstreiche alle Prädikate in Lektion 2 und 3! Suche zwei Prädikate, bei denen die 1. Person handelt (ich ...) und trage sie unter 'Beispiele' in die Tabelle ein! Dasselbe mache auch für die anderen Personen; nun kannst du die Endungen aller Personen in die letzte Spalte eintragen!

Wer handelt?	Person	Beispiele	Endung
Ich ...	1. Pers. Singular		
Du ...	2. Pers. Singular		
Er,Sie,Es ...	3. Pers. Singular		
Wir ...	1. Pers. Plural		
Ihr ...	2. Pers. Plural		
Sie ...	3. Pers. Plural		
Befehl an eine Pers.	Imperativ Singular		
Befehl an mehrere P.	Imperativ Plural		
Grundform	Infinitiv		

Die Verben gliedern sich nach unterschiedlichen Verbstämmen in Konjugationsgruppen. Diese werden benannt nach dem letzten Auslaut des Stammes (-a, -e, Konsonanten).

intra- : **a**- Konjugation

vide- : **e**-Konjugation

ed- : **konsonantische** Konjugation

In der konsonantischen Konjugation tritt zwischen Stamm und Endung dort ein Sprechvokal, wo das Aufeinandertreffen zweier Konsonanten vermieden werden soll.

ed – **i** –t
cup – **i** –t
ed – **u** – nt
cup – **i-u** – nt

2. Vervollständige die Formen!

AKTIV				
Person	-a- Konjugation	-e- Konjugation	konsonantische Konjugation	gemischte Konjugation
1. Person Sing.	intr-(a)-o*	vide-	ed-	cup-i-
2. Person Sing.	intra-	vide-	ed-i-	cup-i-
3. Person Sing.	intra-	vide-	ed-i-	cup-i-
1. Person Plural	intra-	vide-	ed-i-	cup-i-
2. Person Plural	intra-	vide-	ed-i-	cup-i-
3. Person Plural	intra-	vide-	ed-u-	cup-i-u-
Imperativ Sing.	intra-	vide-	ed-e-	cup-e-
Imperativ Plural	intra-	vide-	ed-i-	cup-i-
Infinitiv	intra-	vide-	ed-e-	cup-e-

*in der 1. Person wird das **a** mit der Personalendung **o** zu einem **o** zusammengezogen!

3. Trage alle Präsens Aktiv-Formen in die Tabelle auf Seite 139 ein!

4. Wie bei den Verben ist auch bei den Substantiven die **Endung** sehr bedeutend; hieran erkennen wir, in welchem Fall das Substantiv steht.
   - Steht es im Nominativ, bildet es (meist) das Subjekt des Satzes.
   - Steht es im Akkusativ, bildet es ein Objekt des Satzes.

Im Lateinischen werden Substantive in verschiedene Wortgruppen, in **Deklinationen** eingeteilt. So gehören z.B. die Substantive, die auf -a enden zur **a-Deklination** und die meisten, die auf -**us** enden, zur **o-Deklination**. Wir nennen diese Deklinationen so, weil das **a** immer und das **o** sehr häufig bei den verschiedenen Kasusendungen auftritt.

<u>Wiederholung</u>: Bilde von den folgenden Wörtern der a- und o-Deklination die Akkusativformen!

Nominativ Sg.	Akkusativ Sg.	Nominativ Sg.	Akkusativ Sg.
amicus	_____	puella	_____
ludus	_____	taberna	_____
cibus	_____	oliva	_____

5. Kennzeichne bei den folgenden Sätzen das Subjekt mit einem 'S', das Objekt mit einem 'AO', das Prädikat mit einem 'P' und die Adverbiale mit einem 'Ad'!

Beispiel:

Ad   **S**   **AO**   **P**
Diu   Marcus   puellam   spectat.

Subito Marcus tabernam videt. | Nunc amici cibos devorant.

Nam botelli et olivae bene sapiunt. | Tandem puella cibum apportat.

Hodie puellae thermas petunt. | Afra amicos pudice salutat.

Amicus statim olivas devorat. | Lucius libenter caseum edit.

6. Ordne alle Substantive der obigen Beispielsätze in die jeweils richtige Spalte der Tabelle ein!

Kasus	a- Deklination	o- Deklination
Nominativ Sg.	-------------------- --------------------	------------------- -------------------
Akkusativ Sg.	-------------------- --------------------	------------------- -------------------
Nominativ Pl.	-------------------- --------------------	------------------- -------------------
Akkusativ Pl.	-------------------- --------------------	------------------- -------------------

7. Da du nun die Kasusendungen des Nominativ und Akkusativ Plural der o- und a- Deklination kennst, kannst du die Worte *puella* und *amicus* in der Tabelle deklinieren! Die Reihen für Genitiv, Dativ und Ablativ kannst du dabei ignorieren; diese werden dann aktuell, wenn wir sie in den späteren Lektionen kennenlernen werden.

Kasus	a- Deklination	o- Deklination
Nominativ Sg.		
Genitiv Sg.		
Dativ Sg.		
Akkusativ Sg.		
Ablativ Sg.		
Nominativ Pl.		
Genitiv Pl.		
Dativ Pl.		
Akkusativ Pl.		
Ablativ Pl.		

Hilfen für die Übersetzung:

Man kann, wenn man einen Text vom Lateinischen ins Deutsche übersetzen will,
- entweder mit Hilfe der Vokabellisten den Inhalt irgendwie zusammenbasteln
- oder streng nach den Formen Wort für Wort übersetzen.

Nachteil der ersten Methode ist, dass sich häufig kleine Fehler einschleichen, also dass man z.B. übersieht, dass ein Objekt im Plural steht und nicht im Singular.

Nachteil der zweiten Methode ist, dass häufig der sinngemäße Verlauf der erzählten Geschichte nicht richtig wiedergegeben wird. Z.B. "thermas petimus: wir streben zu den Thermen (??)".

Deshalb sollte man beim Übersetzen beide Methoden anwenden, indem man sich zunächst über die inhaltliche Aussage des Satzes oder eines Textes Klarheit verschafft. Dies gelingt am besten, wenn man vom Prädikat des Satzes ausgeht und die anderen Satzglieder diesem Prädikat zuordnet.

Im zweiten Schritt sollte man dann an Hand der Endungen die Feinheiten des Textes erarbeiten.

1   Publius amicum Lucium salutat: "Salve! Ludus finitus est.
2   Quid nunc <u>faciamus</u>? Thermas petere cupis? Ibi natare atque
3   ludere <u>possumus</u>, tum tabernam intrare atque caseum et
4   olivas edere possumus.
5   Sed <u>Lucio</u> thermae non iucundae sunt, quod non libenter
6   natat. "Visne amphitheatrum petere? Ibi gladiator <u>cum leone</u>
7   pugnat. <u>Hanc pugnam</u> videre cupio."

Zeile 2:   *faciamus*:   ...sollen wir machen?
Zeile 3:   *possumus*:   wir können
Zeile 5:   *Lucio*:   dem Lucius (Dativ)
Zeile 6:   *cum leone*:   mit einem Löwen
Zeile 7:   *hanc pugnam*: diesen Kampf (Akk.!)

Das Flavium amphitheatrum, das sog. Colosseum in Rom

ALLTAGSLEBEN

Der Tagesablauf eines Römers richtete sich nach Sonne und Mond; die Römer teilten ihren Tag in 12 Stunden ein, aber da die Wintertage sehr viel kür-
zer sind als die Sommertage, hatte natürlich nicht jede Stunde 60 Minuten.
Das bedeutet, dass eine Sommerstunde etwa 75 Min. dauerte und eine Win-
terstunde ca. 45 Min.
Um jetzt nicht immer umrechnen zu müssen, wird ein Tagesablauf in Rom
dargestellt, der so im späten Frühling oder frühen Herbst hätte stattfinden
können, nämlich dann, wenn -wie bei uns heute- 60 Min. eine Stunde ausmachten.

Der Tag wurde von den Römern in vier Abschnitte unterteilt. Die erste Stunde begann bei Sonnenaufgang (im Frühling/Herbst 6:00 Uhr). Die ersten drei Stunden (6-9 Uhr) nannte man *mane* (Morgen), die vierte, fünfte und sechste Stunde *ad meridiem (ad: zum, meridies: Mittag,* 9-12 Uhr), die folgenden drei *de meridie* (12-15 Uhr) und die letzten drei Stunden des Tages *suprema* (suprema: die Letzten, 15-18 Uhr). Die Nacht, die mit dem Untergang der Sonne begann, teilte man ebenso in vier Teile zu drei Stunden, die *vigiliae*, ein.

Für die allermeisten Römer, die in armen oder bescheidenen Verhältnissen lebten und ihren Lebensunterhalt mit eigener Arbeit verdienen mussten, begann der Arbeitsalltag meist bereits im Morgengrauen. Die Handwerker wie Bäcker, Schmiede, Gerber etc. arbeiteten bereits vor Sonnenaufgang in ihren tabernae. Auch die Sklaven in den Häusern der wohlhabenden Bürger begannen ihr Tagewerk bereits sehr früh morgens. Die Fuhrleute mussten ihre Transporte während der Nacht bewältigen, da tagsüber in Rom ein Fahrverbot galt.

Die meisten der reichen Römer standen dagegen erst bei Sonnenaufgang auf. Ein *dominus* einer wohlhabenden Hausgemeinschaft begrüßte zunächst seine gesamte *familia*: die Ehefrau, die Kinder und die Sklaven. Danach opferte man am Hausaltar den Göttern. Nach dieser Zeremonie begann die *salutatio*, das war die alltägliche, morgendliche Aufwartung der Klientel. Als Klienten wurden solche Personen bezeichnet, die sich dem Schutz eines wohlhabenden Bürgers unterstellt hatten. Während der *patronus* seinen Klienten bei gerichtlichen Streitigkeiten, finanziellen Schwierigkeiten u.ä. Beistand bot, mussten die Klienten im Gegenzug ihren patronus bei Wahlen unterstützen, ihn eventuell auf Reisen begleiten und ihm Platz verschaffen, wenn er in einer Sänfte durch die Straßen der Stadt getragen wurde. Die Anzahl der Klienten war für einen reichen Bürger ein wichtiges Statussymbol, vor allem, wenn er einen Auftritt in der Öffentlichkeit wahrnehmen musste.

Mit Beginn der dritten Stunde (8 Uhr) war die Zeit für das *ientaculum*, ein kleines Frühstück. Hatten die Handwerker bereits seit Morgengrauen gearbeitet, begann ein reicher Römer erst nach dem ientaculum, also ab 8 Uhr, seine Geschäfte aufzunehmen. Dabei ging er zu gerichtlichen Terminen oder traf sich zu geschäftlichen Gesprächen.

Die Hauptgeschäftszeit in Rom lag zwischen der dritten und sechsten Stunde (9-12 Uhr). Danach nahm man das *prandium*, eine kalte Zwischenmahlzeit, zu sich und begab sich entweder zu einer Mittagsruhe oder zu weiteren beruflichen Tätigkeiten.

Mit der neunten Stunde (ab 15 Uhr) begann für die meisten die Zeit des Bades, d.h. man ging zur Körperpflege und zum Sport in eine Therme. Zur elften Stunde (ab 17 Uhr) ging man nach Hause, um die Hauptmahlzeit des Tages, die *cena*, zu sich zu nehmen. Dazu hatten wohlhabende Bürger meistens Gäste eingeladen. Die cena dauerte ungefähr bis zum Einbruch der Dunkelheit. Wenn sich das Weintrinken über die cena hinaus fortsetzte, konnte es passieren, dass ein Heimkehrer eines solchen Gelages (*comissatio*) den ersten Fuhrleuten begegnete.

1   Postridie iam **quintā hōrā** Marcus Āfram in **forō Rōmānō** exspectat.

Sed Āfra nōndum venit, quod magnā dīligentiā sē ornat.

Tandem venit et Marcum **verbīs blandīs** salūtat.

Tum Marcus: "Hodiē spectācula lūdīque sunt. Quid spectāre cupis?"

5   Āfra: "Eāmus in Circum Maximum, ibi curricula spectāre cupiō."

Nunc circum intrant. Ibi cūnctī **intentīs animīs** sīgnum exspectant.

Hōrā nōnā servī **tubīs** sīgnum dant. Statim equī currunt.

Subitō duae quadrīgae inter sē concurrunt iamque ūnā cum

aurīgīs in **arēnā** iacent. Paulō post terra rubet.

10   Āfra horret et   **multīs** cum **lacrimīs** dīcit: "Eāmus, Marce!"

Statim ē **circō** recēdunt.

Überreste des Circus Maximus

Vokabeln (Lek.4)

1	postridie	: am nächsten Tag	
	iam	: schon	
	quintus,-a,-um	: der fünfte	
	hōra	: Stunde	F heure
5	**in (m.Abl./Akk.)**	: in, an, auf, bei	E in F en
	forum Rōmānum	: das römische Forum	D Forum
	exspectāre	: erwarten, warten auf	E exspect
	nōndum	: noch nicht	
	venīre	: kommen	F venir I venire
10	**magnus,-a,-um**	: groß	
	dīligentia	: Sorgfalt	E F diligent
	sē ornāre	: sich schmücken	D Ornament F orner
	verbum	: Wort	D Verb E verb F verbe
	blandus,-a,-um	: schmeichelnd, zärtlich, hier: lieb	
15	spectāculum	: Schauspiel	
	-que	: und (wird an ein Wort angehängt)	
	eāmus	: lass uns gehen	
	Circus Maximus	: Circus Maximus	D Zirkel E circus F cirque
	curriculum	: Rennen, hier: Pferderennen	
20	**cum (m.Abl.)**	: mit	
	cūnctī	: alle	
	intentus,-a,-um	: angespannt, aufgeregt	D Intention
	animus	: Geist, Gemüt	D animieren
	sīgnum	: Zeichen, Startzeichen	E sign F signe
25	**nōnus,-a,-um**	: neunte	
	servus	: Diener, Sklave	D servieren E serve
	tuba	: Trompete	
	dare	: geben	D Datum E F date
	equus	: Pferd	
30	**currere**	: laufen, eilen	D Kurier, kursieren E current F courir
	duo, duae, duo	: zwei	D Duo, Duett F deux
	quadrīgae (Pl.)	: Viergespann	
	inter sē concurrere	: zusammenstoßen	
	ūnā cum	: zusammen mit	
35	aurīga	: Wagenlenker	
	(h)arēna	: Sand, Kampfplatz	D Arena
	iacēre	: liegen	
	terra	: Land, Erde	D Terrarium, Terrasse F terre
	rubēre	: rot werden, sich röten	
40	**horrēre**	: sich erschrecken	
	lacrima	: Träne	
	dīcere	: sagen, sprechen	D diktieren F dire
	ē, ex (m. Abl.)	: aus, aus...heraus	
	re-cēdere	: weggehen, s. zurückziehen	

Ablativ

Im Text haben wir einen neuen Fall kennengelernt, den Ablativ. Für die Substantive der a- und o- Deklination wird der Ablativ wie folgt gebildet:

Kasus	a- Deklination	o- Deklination
Nominativ Sg.	puell-a	amic-us
Genitiv Sg.		
Dativ Sg.		
Akkusativ Sg.	puell-am	amic-um
Ablativ Sg.	**puell-ā**	**amic-ō**
Nominativ Pl.	puell-ae	amic-ī
Genitiv Pl.		
Dativ Pl.		
Akkusativ Pl.	puell-ās	amic-ōs
Ablativ Pl.	**puell-īs**	**amic-īs**

Der Ablativ steht z.T. **mit**, z.T. **ohne** Präposition, z.B.: *in foro, quinta hora.*
Die Übersetzung der Ablative **mit** Präposition ist einfach (*e taberna* = aus ..., *cum amico* = mit...); d.h. die Präposition gibt uns die richtige Übersetzung des Ablativs vor!
Steht vor dem Ablativ **keine** Präposition, muss man im Deutschen eine passende suchen.

1. Setze aus dem Text der vierten Lektion von den neuen fettgedruckten Ablativformen die ein, die keine Präposition haben!

1. *Postridie Marcus _____ Afram exspectat.*

2. *Afra _____ se ornat.*

3. *Afra _____ Marcum salutat.*

4. *Cuncti _____ signum exspectant.*

5. *_____ servi _____ signum dant.*

2. Auf welche Frage antwortet jeweils der Ablativ in den obigen Beispielsätzen?

    1. Frage: _____   2. Frage: _____

    3. Frage: _____   4. Frage: _____

    5. Frage: _____   und Frage: _____

Der Ablativ gibt also die **Umstände** eines Geschehens an, d.h. wir erfahren durch den Ablativ,

_____ irgendetwas geschieht,

_____ oder _____ etwas geschieht.

Da alle Satzglieder, die den Umstand angeben, **Adverbiale** genannt werden, gehört auch der Ablativ -mit und ohne Präposition- zu dieser Gruppe. (vgl. Tabelle auf S. 5f.)

3. Übersetze die Ablative mit den jeweils passenden präpositionalen Ausdrücken!

Servi signo curriculum   Sklaven eröffnen _____

incipiunt.   _____ das Rennen.

Marcus oculis intentis Afram   Marcus betrachtet Afra _____

spectat.   _____.

Hora nona ludus finitus est.   _____ ist

die Schule aus.

Amici multis verbis Marcum   Die Freunde begrüßen Marcus

salutant.   _____.

4. Setze in der folgenden Übung aus den vorgegebenen Satzgliedern lateinische Sätze zusammen. Achte darauf, dass jeder Satz alle vier möglichen Satzgliedern besitzt.

Subjekte:	Adverbiale:	Objekte:	Prädikate:
Marcus	subito	puellam	spectat
Afra	statim	blandum amicum	relinquunt
Publius amens	diu	caseum	edunt
stupidus equus	tertia hora	botellos	cognoscit
liberta	clam	circum	interrogant
edax	in ludo	liberta	salutant
amici	stupidis verbis	vinum	exspectat
multi	cras	signu	amat
cuncti	magnis tubis	tuba	devorant
servi	pudice	spectaculum	apportant
puella formosa	cum amicis	amicum	petunt
aurigae	in thermis	Afram	videt
blandus amicus	e taberna	Marcum	cupit

Neutra der o-Deklination

Die Substantive, die im Nominativ auf -**um** enden (vinum, verbum, forum..), sind **sächlich** und haben folgende Besonderheit:
    -der Nominativ Plural endet auf -**a**,
    -Nominativ und Akkusativ haben die gleichen Endungen.
In allen übrigen Fällen haben diese Neutra dieselben Endungen wie die maskulinen Substantive der **o**-Deklination.

5.   Trage die Nominativ-, Akkusativ- und die Ablativformen der Wörter
    hora, servus und *verbum* in die Tabelle ein:

Kasus	a- Deklination	o- Deklination	Neutra d. o-Dekl.
Nominativ Sg.			
Genitiv Sg.			
Dativ Sg.			
Akkusativ Sg.			
Ablativ Sg.			
Nominativ Pl.			
Genitiv Pl.			
Dativ Pl.			
Akkusativ Pl.			
Ablativ Pl.			

KNG-Kongruenz

6. Übersetze folgende Sätze!

Amici multos botellos et multas olivas devorant.

_____

Hodie in Circo Maximo multa curricula sunt.

_____

Afra magna diligentia se ornat.

_____

Vergleiche nun die Ausgänge der Adjektive mit denen der Substantive, zu denen sie gehören! Versuche eine Regel zu finden!

> Ein Adjektiv stimmt mit dem dazugehörigen Substantiv in
>
> _____
>
> _____ überein.

7. Trage die Ausgänge des Adjektivs *magnus* in folgende Tabelle ein!

Kasus	maskulinum	femininum	neutrum
Nominativ Sg.	magn-us	magn-	magn-
Genitiv Sg.			
Dativ Sg.			
Akkusativ Sg.	magn-	magn-	magn-
Ablativ Sg.	magn-	magn-	magn-
Nominativ Pl.	magn-	magn-	magn-
Genitiv Pl.			
Dativ Pl.			
Akkusativ Pl.	magn-	magn-	magn-
Ablativ Pl.	magn-	magn-	magn-

WAGENRENNEN IM CIRCUS

Zu ihrem Vergnügen veranstalteten die Römer verschiedene Spektakel. Es gab Aufführungen im Theater, Kämpfe der Gladiatoren in den Amphitheatern sowie Wagenrennen im *circus*. Die sportlichen Veranstaltungen hatten eine religiöse Tradition aus frühester Zeit, aber seit der späten Republik trat demgegenüber ihr Unterhaltungswert in den Vordergrund.

Darstellung eines Wagenrennens auf einem Relief

Ein Beispiel für den Aufbau eines typischen circus bietet der **Circus Maximus** in Rom. Auch wenn nur noch wenige Ruinen dieses Bauwerks erhalten sind, gibt das heute unbebaute Grün einen Eindruck über das Ausmaß des damaligen Circus wieder.

Der Circus Maximus war in der Form eines länglichen Rechtecks über 600 Meter lang. Die kurzen Seiten, von 150 Meter Länge, waren abgerundet. Um diese Rennfläche waren die Zuschauertribünen errichtet.

Der Circus Maximus bot unter Caesar 25 000 Zuschauern Platz. Augustus vergrößerte ihn auf ca. 60 000 und Trajan auf etwa 80 000 Sitzplätze.

In der Mitte des circus war eine *spina*, das war eine niedrige schmale Mauer, die die Fläche in zwei Längsstrecken unterteilte. An diesen Wendepunkten mussten enge Kurven gefahren werden, was mit hoher Geschwindigkeit sehr gefährlich war und häufig schwere Unfälle verursachte.

Auf der spina waren Statuen, Obelisken und ein Gestell, auf dem 7 Delfine und 7 Eier aus Marmor aufgesteckt waren. Pro Runde wurde jeweils eins dieser Symbole umgekippt oder abgenommen. So wurde die Anzahl der verbleibenden Runden, für alle Zuschauer gut zu erkennen, angezeigt. Die Delfine und Eier waren Symbole der Dioskuren und des Neptun, der Schutzgötter für Pferde.

Solche Veranstaltungen fanden zumeist an Feiertagen statt und begannen bereits am frühen Morgen. Vor Beginn zog eine festliche Prozession durch die Stadt: Priester, die Wagenlenker (*aurigae*) samt ihrer Wagen sowie Staatsbeamte, meist die Ädile, die für die Organisation der Spiele zuständig waren.

Gemälde eines siegreichen Pferdelenkers in den Thermen in Ostia

Die Wagenlenker stritten jeweils für einen der vier traditionellen Rennclubs (*factiones*). Jede factio hatte bestimmte Clubfarben:
So gab es die Weißen, die Roten, die Blauen und die Grünen.
Vor Rennbeginn wurden Wetten abgeschlossen. Viele Römer feuerten mit lautstarker Begeisterung das jeweils von ihnen favorisierte Gespann an.
An einem Rennen konnten 4-12 Wagen teilnehmen. Ein Pferdegespann (*quadrigae*) bestand aus einem einachsigen Wagen und vier Pferden. Der Wagenlenker trug eine Tunika in der Farbe seiner factio sowie einen Helm und Ledermanschetten um Körper und Beine, um sich zu schützen.
In separaten Startboxen warteten die Pferde und ihre Lenker ungeduldig auf das Startsignal: Wenn der Ädil ein weißes Tuch zu Boden fallen ließ, sprangen die Tore auf und die Wagen schossen auf die Rennbahn hinaus.
Dem Sieger winkte als Prämie ein Goldpreis; erfolgreiche Fahrer erlangten zuweilen eine große Berühmtheit. So ließ ein gewisser Diocles 146 n. Chr. in einem Steinmonument seine Laufbahn verewigen:
"Gaius Appuleius Diocles, Wagenlenker der Roten, Spanier von Geburt, 42 Jahre, 7 Monate und 23 Tage alt. Er fuhr 24 Jahre lang Wagenrennen, startete

4257mal und siegte 1462mal. Er führte 9 seiner Pferde 100mal zum Siege... Er übertraf die Wagenlenker aller Ställe, die jemals an den Rennen der Zirkusspiele teilnahmen."

Aber es gab nicht nur Begeisterte dieser Spiele; der Schriftsteller Plinius äußert sich sehr kritisch :

"All diese Zeit habe ich zwischen Schreibtafeln und Büchern in angenehmster Ruhe verbracht. 'Wie ging das in der Stadt?' fragst du.
Es waren Spiele; Spektakel, von denen ich überhaupt nicht beeindruckt werde. Nichts Neues, nichts Verändertes, nichts, was man nicht höchstens einmal gesehen haben muss. Um so mehr wundere ich mich, dass so viele tausend Männer wie Kinder immer wieder die galoppierenden Pferde sehen wollen und die Männer, die ihre Wagen antreiben. Wenn sie aber durch die Schnelligkeit der Pferde oder die Kunstfertigkeit der Menschen in Bewegung gesetzt worden sind, dann gibt es keine Vernunft mehr.

Modellkonstruktion des Circus Maximus

Nun jubeln sie einem farbigen Textil zu, sie lieben das Tuch und, wenn während des Rennens, mitten im Wettkampf diese Farbe dorthin, jene hierher wechseln wird, dann wird auch der Eifer und die Begeisterung überwechseln und sie (die Fans) werden plötzlich jene Wagenlenker und jene Pferde, die sie (nur noch) in der Ferne erkennen und deren Namen sie brüllen, links liegen lassen. So große Hingabe zu einer billigen Tunika, so groß ist deren Wirkung. Das ist nicht nur so beim Pöbel, der noch billiger ist als das Textil, sondern auch bei gewissen seriösen Menschen; wenn ich mich daran erinnere, dass diese Leute nach einer so nichtigen und matten Sache beständig so unersättlich verlangen, dann wende ich mich irgendeinem anderen Verlangen zu, weil ich von diesem Verlangen nicht ergriffen werde.
Und so verbringe ich meine Freizeit sehr gerne mit Büchern während dieser Tage, die andere mit unsinnigsten Beschäftigungen vergeuden. Gruß."
(Plinius d.Ä. ep. IX,6)

Frage zum Text:

Gibt es heute immer noch solche Veranstaltungen, mit denen die Menschen ihre Sensationslust befriedigen?

LECTIO QUINTA

Marcus und Afra verlassen den Circus Maximus. Marcus ist klar, dass er mit Afra etwas anderes unternehmen muss, um ihr näherzukommen. Drei Ideen hat er:

Er geht mit ihr in die Thermen, wo es immer eine Möglichkeit gibt, sich näher zu kommen.

Er lädt sie zu sich nach Hause ein. Denn seine Eltern machen heute Abend eine Fete....

Er geht mit ihr in die am Tiber gelegenen Gärten; da sind sie auf jeden Fall alleine.

Was würdest Du denn an seiner Stelle tun?? Entscheide Dich für eine der Möglichkeiten und lies in Lektion 5 a nach, ob es in den Thermen, oder in 5 b, ob es auf der Fete, oder in 5 c, ob es in den einsamen Gärten mit den beiden klappt.

Plastik eines römischen Jungen (Der Dornauszieher)

1   Āfra natāre cupit. Marcus, quamquam thermās nōn amat, tamen cum
    Āfrā thermās petit. Postquam Marcus tesserās solvit, balneum intrant.
    Ibi multōs hominēs vident, quī nōn sōlum natant, sed etiam corpus exer-
    cent vel librōs legunt vel ōrātōrem audiunt.
5   Quamquam Marcō frīgidārium nōn placet, cum Āfrā in aquā frīgidā
    cōnsēdit. Posteā in tepidārium praecipitant, aliquamdiū natant, tum in an-
    gulō cōnsīdunt.
    Nunc dēmum sōlī sunt. Fābulās nārrant, dīsipiunt, rīdent...tum autem ta-
    cent, sē invicem adspectant et...
10 "Salvē!" audiunt. Duās amīcās Āfrae adnatāre vident. Quod amīcae
    nārrant et nārrant et nārrant atque omnīnō nōn recēdunt, Marcus Āfrae
    valēre dīcit et domum properat.

Natatio der Caracallathermen in Rom

Vokabeln (Lek.5 A)

1	**quamquam** : obwohl	
	tamen : dennoch	
	postquam : nachdem	
	tessera : Eintrittsmarke	
5	**solvere** : bezahlen, lösen	D solvent
	balneum : Bad	
	homō, -inis m. : Mensch	F homme I uomo
	(Pl. **hominēs**)	
	quī : die, welche	
	nōn sōlum... : nicht nur...sondern auch	
	sed etiam	
10	**corpus, -ōris n.** : Körper	D Korps
	exercēre : üben, trainieren	D exerzieren
		E F exercise
	vel : oder	
	liber, librī m. : Buch	E library F libre
	legere : lesen	F lire I leggere
15	**ōrātor, -is m.** : Redner	F orateur
	audīre : hören, zuhören	D Auditorium, 'Audi'
	frīgidārium : Kaltwasserbecken	
	placēre : gefallen	F plaire, plaisir
		I piacere
	aqua : Wasser	D Aquarium I acqua
20	**frīgidus,-a,-um** : kalt	E refridgerator
	cōnsīdere : sich hinsetzen	
	posteā : danach, später	
	tepidārium : Warmwasserbecken	
	praecipitāre : sich kopfüber (hinein)stürzen	
25	aliquamdiū : eine Zeit lang	
	angulus : Ecke, Winkel	
	dēmum : endlich	
	sōlus,-a,-um : alleine	D Solo F seul
	fābula : Geschichte, Sage	D Fabel
30	**nārrāre** : erzählen	D narrativ
	sē : sich	F se
	dēsipere : rumalbern	
	invicem : gegenseitig; einander	
	ad-spectāre : anschauen, betrachten	D Aspekt
35	**amīca** : Freundin	
	ad-natāre : heran-schwimmen	
	omnīnō (nōn) : gar (nicht), gänzlich	
	valēre dīcere : sich verabschieden	E valediction

33

Die Formen von *esse* im Präsens:

1. Person Singular	**sum**	(ich bin)
2. Person Sg.	**es**	(du bist)
3. Person Sg.	**est**	(er/sie/es ist)
1. Person Plural	**sumus**	(wir sind)
2. Person Pl.	**estis**	(ihr seid)
3. Person Pl.	**sunt**	(sie sind)
Infinitiv	**esse**	(sein)

Lerne diese Formen und trage sie in die Konjugations-Tabelle auf Seite 143 ein!

Tipps für das Lernen von Grammatik und Vokabeln

> **Verstandenes** prägt sich besser ein als Unverstandenes.
> **Gegliedertes** lernt man leichter als Ungegliedertes.
> **Auffälliges** hilft, sich an das Gelernte zu erinnern.
> **Üben und Wiederholen** fördern das Behalten.

VERSTEHEN
Bevor du die Formen einer Deklination oder einer Konjugation lernst, solltest du verstanden haben, was du da lernst. Um mit der Deklination von "dominus" oder "labor" klarzukommen, solltest du vielleicht vorher eine deutsche Deklination auswendig lernen. Z.B.

der Herr	die Herren	Nominativ	wer (oder was)?
des Herrn	der Herren	Genitiv	wessen?
dem Herrn	den Herren	Dativ	wem?
den Herrn	die Herren	Akkusativ	wen (oder was)?

Wenn du noch unsicher bist, solltest du für jeden deutschen Fall einen Beispielsatz bilden, in dem das Wort "Herr" im richtigen Fall vorkommt.

GLIEDERN & VERSTEHEN
Wenn du jede grammatische Form wie eine eigene Vokabel lernen wolltest, würde dich die Unmenge möglicher Formen sehr bald erschlagen. Wenn du dir dagegen deutlich machst, wie die verschiedenen Formen aufgebaut und zusammengesetzt sind, kommst du (besonders bei den Verben) mit einem Bruchteil der Arbeit aus.

Alle **Substantive** und **Adjektive** bestehen aus: Stamm + Endung: dominus = domin+us

Nur die Endung ändert sich entsprechend den Regeln für die Deklination, zu der das Wort gehört. Wenn du von einem Wort Nominativ und Genitiv Singular kennst (und nur dann!), kannst du alle weiteren Formen leicht ableiten.

Alle **Verben** bestehen aus: Stamm + "Zwischenstück" + Endung

Der **Stamm** (es gibt einen Präsens- und einen Perfektstamm für jedes Verb) bleibt gleich;

Das "**Zwischenstück**" gibt dir u.a. Informationen über die Zeitform und die Sorte von Konjugation (offiziell heißt das "Konjugationsklasse"), zu der das Verb gehört. Bei diesem Teil musst du genau aufpassen und eventuell in der Tabelle nachschlagen, um keine Fehler zu machen.

Die **Endungen** sind wieder für alle Konjugationsklassen gleich. D. h. für die sechs Personen "ich, du ..." gibt es sechs Endungen für das Aktiv (ich rufe) und sechs Endungen für das Passiv (ich werde gerufen). Wenn du die bei einem Verb kennst, kennst du sie auch bei allen anderen.

ZUSATZTEXT 1

1 Marcus domum properat, cum familia edit, tum statim in forum petit
2 Aframque expectat. Tandem sexta hora venit.
3 Quod dies frigidus est, Afra et Marcus foro libenter non ambulant,
4 sed ad thermas petunt. Balneum intrant.
5 Ibi multi homines sunt: nonnulli natant, nonnullae puellae libros legunt.
6 Afra in aquam frigidam non praecipitat, sed angulo calido cum amico
7 suo consistit. Nunc demum soli sunt. Fabulas narrant et rident.

Zeile 6:   *calidus*:   warm, heiß

ZUSATZTEXT 2

1 Quod dies calidissimus est, discipuli intentis animis
2 signum exspectant. Hora sexta signum audiunt; nunc demum
3 schola finita est. Discipuli domum properant, cum familia
4 edunt, tum statim ad thermas petunt.
5 Ibi multi homines sunt: nonnulli natant, nonnulli sole fruuntur,
6 nonnulli pueri pila pedis ludunt, nonnullae puellae libros legunt.
7 Marcus quoque una cum amica sua balneum intrat. Tum in aquam
8 praecipitant, aliquamdiu natant, postea ludunt, fabulas narrant et
9 rident. Hora nona domum properant.

Zeile 1:   *calidissimus*:   sehr heiß
Zeile 2:   *signum*:   hier: das Klingelzeichen (zum Schulschluss)
Zeile 5:   *nonnulli*:   einige
Zeile 5:   *sole fruuntur*:   sie genießen die Sonne
Zeile 6:   *pueri*: Jungen / *pila*: Ball / *pes, pedis*: Fuß

Warum es Thermen gab...

Eines der Dinge, die im Verlauf der jahrhundertlangen Geschichte der Römer immer gleich blieben, war ihr Bedürfnis zu baden. Die Pflege und Reinhaltung des Körpers (*cura corporis*) beim Besuch einer Therme gehörte für die Römer zu ihrem Tagesablauf, wie das Essen und Trinken.

Zur Zeit der Republik (ca. 500-27 v.Chr.) gab es sog. *balnea* (Bäder) als gemeinschaftliche oder private Einrichtungen. Das waren zumeist unbequeme, lichtarme Räumlichkeiten, die zwar zweckmäßig angelegt waren, auf ästhetische Bedürfnisse jedoch keine Rücksicht nahmen. Architektonisch gingen sie auf griechische Vorbilder zurück. Im Jahr 25 v.Chr. ließ Agrippa das erste öffentliche Badehaus, sog. *thermae*, bauen. Die Überreste solcher Thermen geben uns heute noch Auskunft über die Sitten und Gebräuche der Römer bei ihrer Körperpflege. Im

Die Kirche S. Maria degli Angeli; früher war dies der Hauptsaal der Diokletians-Thermen (300 n. Chr.).

Verlauf der Jahrhunderte wurden die Thermen immer größer und aufwendiger gebaut. So sind z.B. die Caracalla-Thermen, die im Jahr 216 n.Chr. errichtet wurden, so groß, dass man dort ca. 24 Fußballfelder unterbringen könnte. Aber nicht nur die Ausmaße dieser Thermen waren gewaltig; auch die innere Ausstattung wurde im Laufe der Jahre immer luxuriöser durch großartige Mosaiken, Statuen, vergoldete Säulen o.ä.

In der späten Kaiserzeit gab es in Rom elf riesige öffentliche Badeanstalten (*thermae*) sowie 830 kleinere Privatthermen; in ersteren badete man unentgeltlich, letztere erhoben z.T. geringe Gebühren, die allerdings öfters von reichen Bürgern oder Kaufleuten als Spende für das Volk übernommen wurden. In vornehmen Wohnungen war das Bad -wenn es eines gab- ein prachtvoll hergerichteter Raum. Auch hatten einige wenige Mietblöcke eigene Bäder für die Hausbewohner, aber in den meisten Mietshäusern gab es gar keine sanitären Einrichtungen, und so waren die Badeanstalten für die Bewohner solcher 'insulae' notwendig für die tägliche Körperpflege.

In den Thermen, aber auch in einigen der größeren Mietshäuser, gab es öffentliche Toiletten (*foricae*). Eine eigene Toilette und fließendes Wasser in jeder Wohnung, wie wir es heute kennen, gab es damals nicht. Das Wasser für den Hausbedarf schöpfte man aus den Zisternen (Wasserauffangbecken) auf der Straße oder holte es am Brunnen, der aber nur in wenigen Häusern im Innenhof stand. Da auch individuelle Abwasserleitungen fehlten, goss man das schmutzige Wasser meist einfach aus dem Fenster (Juvenal, Sat. III, 277). Um die Reinhaltung der Straßen und die Müllabfuhr kümmerten sich die *curatores viarum*.

Wie die Römer badeten

Wie eine Therme von innen aussah, lässt sich am Beispiel der Caracalla-Thermen in Rom beschreiben: Die Anlage dieser Therme umfasste das Gebäude und ein weiträumiges Außengelände, das wie ein Garten angelegt war. Die Therme hatte eine besondere Raumaufteilung: Die Säle, die in der Mitte lagen, waren großzügig angelegt und bildeten eine Art Achse. Rechts und links davon gab es jeweils die gleichen Räume in gleicher Anordnung, d.h. zwei Eingänge, zwei Umkleideräume etc.

Die Eingänge lagen rechts und links vom **baptisterium**, dort gab es ein Freiluftbecken, in dem man ein kaltes Bad an frischer Luft nehmen konnte. Neben den Eingängen waren die Umkleideräume, die **apodyteria**. Man ließ seine Kleider in der Obhut eines bezahlten **capsarius** (Kleiderbewacher). In diesem apodyterium mussten die Römer ihre Sandalen gegen Holzschuhe umtauschen, denn der Fußboden der gesamten Therme war so stark beheizt, dass sie sich ansonsten die Fußsohlen verbrannt hätten.

Das Beheizungssystem lag außer- und unterhalb der Therme. Dort sorgten Sklaven für ein Feuer, das Wasser in besonderen Tanks erwärmte und von dort strömte das warme Wasser in die entsprechenden Becken.

Rekonstruktion eines CALDARIUM

Der Wasserdampf und die vom Feuer erhitzte Luft wurden in Hohlziegel geleitet, mit denen die Böden und Wände der Therme ausgestattet waren; erst ganz
oben konnte die Luft durch einen Kamin nach außen entweichen. Dieses Beheizungssystem nannte man **hypocaustum**. Von den apodyteria aus ging man
in die **palaestra**. Hier trafen sich die Thermenbesucher zu Sport, Unterhaltung
und Würfel- oder Brettspielen. Die anwesenden Dichter, Sänger oder Denker
hielten hier philosophische oder poetische Vorträge.

Nach der körperlichen Ertüchtigung in der palaestra ging man entweder in das
sog. **Iaconium**, ein Luftschwitzbad, in dem man in heißer Luft schwitzte wie in
einer Sauna. Oder aber man ging in
das **sudatio**, wo man -wie in einem
türkischen Bad- in heißem Dampf
saß. In der Mitte stand ein Becken
mit kochendem Wasser. Der Dampf
hüllte die Badenden ein, die in Nischen saßen, und entströmte durch
eine Art Ventil am höchsten Punkt
des Gewölbes. Das Ventil bestand
aus einer runden Bronzescheibe, die
mit einem Kettenzug von unten betä-
tigt wurde. Die Hitze in diesem Raum
war erstickend: "*Das ist Feuer!*" rief
Seneca aus.

*"In solche Bäder sollte man nur ver-
urteilte Sklaven schicken."*

Von dort aus ging der Thermenbesucher durch einen mäßig erwärmten
Raum, das **tepidarium**, in das
Warmwasserbecken, das **caldarium**. Hatte er sich dort ausreichend
von Sport und Schwitzen erholt,
sprang er in das kalte Wasser des

Hypocaustum einer Therme in Ostia

frigidarium, damit sich die Hautporen, die sich in der Wärme geöffnet hatten,
wieder schlossen. Das frigidarium war eine große Halle, die -ähnlich der pa-
laestra- als geselliger Treffpunkt galt. Wer wollte, konnte danach noch im kalten
Wasser der **natatio** (Freiluftbecken) des baptisterium schwimmen. Nach diesem Rundgang widmete man sich der abschließenden Körperpflege:

In einer großen Thermenanlage wie der von Caracalla gab es neben den er-
wähnten Sälen und Hallen noch mehrere separate Räume, in denen verschiedene Arten der Körperpflege angeboten wurden.

Nach einem Rundgang durch die verschiedenen Bäder ließ man sich im *destrictorium* von einem der *tractores* (Masseure) abreiben und massieren. Bei den *alipili* und *unctores* (Parfümeure) konnte man Körpersalben, Hautöle und Parfüms in kleinen Ampullen kaufen. Man reinigte den Körper mit Olivenöl (Seife war unbekannt), die Ohren mit Essig und man putzte sich die Zähne. Catull berichtet uns mit Abscheu von einem gewissen Egnatius, der sich seine Zähne nach spanischem Brauch mit dem Morgenurin putzte, um sie strahlend weiß zu machen. Die Männer ließen sich von einem *tonsor* (Barbier) rasieren. Zur Reinigung des Körpers gehörte auch die Enthaarung. Unerwünschtes Körperhaar riss man mit Hilfe einer Art Brei (*dropax*) und harzbeschmierter Pflaster aus oder zupfte es einzeln mit gekrümmten Pinzetten aus (*forcipes aduncae*). Bevor man zum Essen nach Hause ging, ließ man sich im *unctorium* einsalben oder einölen.

Die Nutzungsmöglichkeit der Thermen für Frauen und Männer wurden im Laufe der Jahrhunderte immer wieder anders beurteilt und geregelt: Zu Zeiten der Republik galten zunächst strengere Sittengesetze, d.h. Frauen durften gar nicht oder zumindest nicht zur gleichen Zeit gemeinsam mit Männern die balnea besuchen. Zu der Zeit, als Agrippa die erste Therme bauen ließ, hatten sich diese Normen bereits gelockert und unter Trajan durften Frauen wie Männer die Thermen besuchen.

Der Besuch der Thermen war für <u>jeden</u> etwas Alltägliches.

So gingen sowohl reiche als auch arme Leute zum Baden in die Thermen. Die wohlhabenden Thermenbesucher brachten ihre Sklaven mit, die die Kleider bewachten, bei der Körperpflege halfen und ihren Herrn zuletzt in der Sänfte nach Hause trugen.

Die ärmeren Leute hatten keine eigenen Sklaven; *unctio plebeia* (unctio=das Salben; plebeius=gemein, niedrig) nannte **Seneca** (4. v.Chr. - 62 n.Chr.), ein berühmter Philosoph Roms, die Enthaarung und Salbung, die die Armen selbst vornehmen mussten.

Tierkopf als Mündung einer Wasserleitung

Die römischen Thermen von einem Ausmaß der Caracalla-Thermen boten nicht nur die Möglichkeit zur körperlichen Ertüchtigung, sondern waren ebenso gesellige Treffpunkte. So gab es neben Bibliotheken auch Räume für kulturelle oder philosophische Diskussionen.

1   Vīlla familiae Marcī in clīvō Argentāriō sita est. Marcus et Āfra vīllae
appropinquant. Marcus Āfram scālīs in vīllam suam subdūcit. In
ātriō vīllae clāmōrem virōrum laetōrum audiunt.
Iterum iterumque servī dominō et amīcīs dominī vīnum apportant:
5   Ferē cūnctī iam ebriī sunt.
Statim Marcī pater fīliō et Āfrae pōculum parvum vīnī verbīs blandīs
offert; Āfra vīnum accipit et grātiās agit.
Vir quīdam ebrius magnā vōce dīcit:
"Vōbīs cūnctīs carmen nōtum poētae clārī cāntāre cupiō!"
10   Titubanter gradum impluviī ascendit atque cāntāre incipit:

Prīmō prō nummātā vīnī,
ex hāc bibunt libertīnī
semel bibunt prō captīvīs
post haec bibunt ter prō vīvīs
15   *quater prō nāvigantibus*
quīnquiēs prō discordantibus
sexiēs...*

Sed subitō cōnstantiam āmittit,
titubat...
20   Magnō clāmōre vir in aquam
impluviī incidit.
Dum cēterī rīdent, Marcus
manum Āfrae capit et puellam
clam in hortum dūcit...

*Erster Becher: auf die Tonne
Auf die Spenderin der Wonne
Zwei: die Armen in den Ketten
Drei: die sonst ihr Leben fretten
Vier: die sich zur See begeben
Fünf: die nur in Zwietracht leben
Sechs:..

Impluvium eines Hauses in Pompei

Vokabeln (Lek.5 B)

1	**vīlla, vīllae f.**	: Villa; Landhaus	D Villa F ville
	familia, -ae f.	: Familie; Hausgemeinschaft	E family F famille
	clīvus Argentārius:	Silberberg (ein Hügel in Rom)	
	situs,-a,-um	: gelegen	D E F situation
5	**appropinquāre**	: sich nähern	E approach
	scālae, -ārum f.	: Stiege, Treppe	D Skala, Eskalation
	suus, -a, -um	: sein, ihr	F son, sa
	sub-dūcere	: hinaufführen	
	ātrium	: Atrium (Hauptraum des röm. Hauses)	
10	**clāmor, -ōris m.**	: Lärm, Geschrei	D Klamauk
	vir, virī m.	: Mann	D viril
	laetus,-a,-um	: fröhlich	
	iterum	: wieder, ein zweites Mal	D iterativ
	iterum iterumque	: immer wieder	
15	**dominus,-ī m.**	: Herr, Hausherr	D dominant
	ferē	: beinahe, fast	
	ebrius,-a,-um	: betrunken	
	fīlius, fīliī m.	: Sohn	D Filiale F fils
	pōculum,pōculī n.	: Becher	D Pokal
20	**parvus, -a, -um**	: klein	
	offerre	: anbieten	D Offerte E offer
	accipere	: an-, entgegennehmen	D akzeptieren
	grātiās agere	: Dank sagen, danken	F rendre grāce
	quīdam	: ein gewisser	
25	**vōx, vōcis f.**	: Stimme	D Vokal E voice F voix
	carmen,-inis n.	: Lied	
	poēta, -ae m.	: Dichter	E poet F poète
	clārus, -a, -um	: berühmt, hell	E clear F clair
	cāntāre	: singen	D Kantate
30	titubāre	: schwanken, taumeln	
	titubanter	: schwankend	
	gradus,gradūs m.	: Schritt, Stufe	D Grad E F grade
	impluvium,-iī n.	: Impluvium (Regenauffangbecken im Atrium)	
	ascendere	: hinaufsteigen, besteigen	E ascend
35	**incipere**	: anfangen, beginnen	
	cōnstantia	: Stetigkeit, Standhaftigkeit; hier: Gleichgewicht	D Konstanz
	āmittere	: verlieren	
	incidere	: hineinfallen	E incident
	dum	: während	
40	**cēterī,-ae,-a**	: die übrigen	D etc..= et cetera
	manus, -ūs f.	: Hand	D manuell F main
	capere	: fangen, fassen, nehmen	D kapieren
	hortus, hortī m.	: Garten	
	dūcere	: führen, ziehen	

ZUSATZTEXT

1   Marcus manum Afrae capit et puellam clam in hortum villae ducit.
2   Iterum iterumque clamorem laetum virorum ebriorum ex atrio
3   audiunt.Tandem viri multis poculis vini defessi tacent. Silentium in
4   horto est.
5   Amici umbram <u>sub arbore magna</u> petunt et in harena consistunt.
6   Diu invicem adspectant et tacent. Subito Marcus puellae formosae
7   osculum dat. Afra stupet, recedit et erubescit. Quod autem
8   Marcum amat, paulo post iterum puero manum dat.

Zeile 5:   *sub arbore magna:*   unter einem großen Baum

Die lateinischen Präpositionen

e villa   de villa   prope villam   contra villam

in villa   in villam   in villa   post villam

circum villam   apud / ad villam   supra villam   sub villa

1. Das Mietshaus

Eine *insula* war ein mehrgeschossiges Mietshaus, in dem die ärmere Bevölkerung der Stadt lebte. Im Erdgeschoss einer insula waren zur Straßenseite hin Läden oder Lokale. In den oberen Stockwerken waren die Wohnungen; in der Mitte einer insula lag ein kleiner Hof, in den wegen der Höhe der Häuser nur spärlich Licht einfiel. Eine Wohnung bestand meist nur aus wenigen Räumen, maximal drei. Die Fenster waren klein und lagen entweder zur Hof- oder zur Straßenseite hin.

Überreste einer insula in Ostia

Zuweilen gab es auch auf der Straßenseite kleine Balkone.

In der Wohnung einer insula gab es keine Küche -höchstens eine Kochstelle- und kein Badezimmer; in nur sehr wenigen Mietshäusern waren Gemeinschaftstoiletten zu finden. So mussten die meisten Menschen eine der öffentlichen Toiletten benutzen und Wasser aus den Brunnen an der Straße schöpfen - denn nur in wenigen Höfen der insulae gab es einen Brunnen.

Diese Mietshäuser waren in republikanischer Zeit vorwiegend aus Holz gebaut und damit sehr brandgefährdet. Ein reicher römischer Bürger der damaligen Zeit, Marcus Licinius Crassus, bezog einen großen Teil seines Vermögens daraus, dass er abgebrannte insulae billig aufkaufte und teuer verkaufte.

Das Leben in einer solchen insula war sicherlich recht bescheiden und beengt im Vergleich mit dem Leben in einem der komfortablen Häuser der reichen Römer. Dazu kam tagsüber der Lärm der Straßenhändler und abends und nachts der Krach der Fuhrleute oder auch der Kneipengäste.

Die Bauweise dieser Häuser bedeutete zudem eine ständige Brand- oder Einsturzgefahr, und so beklagt der Dichter Juvenal den schlechten Zustand der Mietskasernen:

'Moderne' Mietskasernen in Rom

"Wir bewohnen eine Stadt, die zu einem großen Teil mit dünnen Balken abgestützt ist; denn das ist alles, was der Hausverwalter unternimmt, wenn die Wände sich zu neigen beginnen. Und den schon lange klaffenden Riss lässt er einfach übertünchen und sagt dann den Mietern, sie sollten (obwohl doch ein Einsturz unmittelbar bevorsteht) ganz unbesorgt schlafen."

2. Das Stadthaus

Die reicheren Bürger der Städte lebten nicht in den insulae, sondern in einem eigenen Haus, dem *domus*. Wie die insulae hatten diese domūs (Pl.) einen weitgehend einheitlichen Grundriss, der im Laufe der Jahrhunderte nur geringfügig verändert wurde.

Rechts und links vom Eingang (*ostium*) des Hauses waren zuweilen Ladenlokale, die vom Hausherrn vermietet wurden. Diese Läden hatten aber keine Verbindung zur Wohnung der Familie. Seitlich des schmalen Flurs (*fauces*) lagen die Treppenaufgänge, wenn das Haus mehrere Stockwerke (max. drei, Erdgeschoss und zwei weitere Etagen) besaß. Durch den Flur kam man in den zentralen Raum des Hauses, das *atrium*. Das atrium war nach oben hin offen; das einfallende Regenwasser wurde in einem Becken im Boden (*impluvium*) aufgefangen. Unter dem atrium befand sich eine Zisterne, ein Becken, in dem das Wasser für den Hausgebrauch gesammelt wurde. Diese besondere Architektur gibt diesem Haustyp seinen Namen: Atriumhaus.

Zu beiden Seiten des atriums lagen kleine Räume (*cellae*) oder Schlafzimmer (*cubicula*). An den seitlichen Enden des atriums waren zwei Nischen (*alae*), in denen die Ahnenbilder der Familie ihren Platz hatten. Von diesen Nischen aus kam man auf der einen Seite in das Speisezimmer (*triclinium*) und auf der anderen in ein kleines Wohnzimmer. Gegenüber von Eingang und Flur, auf der anderen Seite des atriums, lag das Gesellschaftszimmer, in dem u.a. die Hausgötter verehrt und Gäste empfangen wurden. Aus diesem *tablinum* -dem letzten Raum des Atriumhauses- konnte man in den Garten (*hortus*) gehen, der hinter dem domus lag.

Seit dem 2. Jh. v. Chr. gab es neben dem Atriumhaus in zunehmender Zahl die sog. Peristylhäuser. An Stelle des Gartens baute man ein *peristyl*; das war ein Gartenhof, der von einem Säulengang umgeben war, an den sich seitlich weitere Räume anschlossen. Hier wurden meist die Küche und die Vorratsräume eingerichtet, da das Speisezimmer nun in diesem Teil des Hauses lag. Meistens bildete das Peristyl den Abschluss des Hauses, u.U. konnte es aber noch durch einen großen Versammlungsraum (*exedra*) erweitert sein.

3. Das Landhaus

Die wohlhabende Bevölkerung der Städte besaß meistens nicht nur ein Stadthaus, sondern auch ein Landhaus (*villa*), in dem die Familie während der heißen Sommermonate lebte.

Eine solche villa lag inmitten des Landguts der Familie und war von Gärten und Parkanlagen umgeben. Zu einer villa gehörten mehrere Gebäude: die **villa rustica**, in der die Bediensteten lebten und die Küche und Vorratsräume lagen, und das eigentliche **domus** als Wohntrakt der Familie mit z.B. einer Bibliothek, Bädern und mehreren Aufenthalts- und Speiseräumen. In den umliegenden Gärten wurden verschiedene Obst- und Gemüsesorten angebaut; die Parkanlagen dienten als Orte der Erholung und waren daher wie Ziergärten angelegt und mit Säulen, Statuen, Springbrunnen u.ä. ausgestattet.

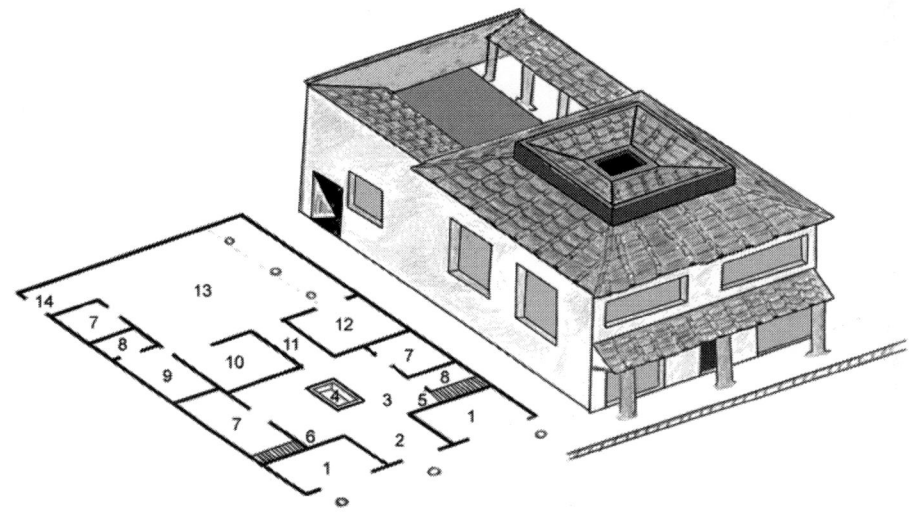

Römisches Peristylhaus

Grundriss

1 Läden (tabernae)	2 Hausflur (ostium)	3 Halle (atrium)
4 Regenbecken (impluvium)	5 Aufgang für die Familie	6 Aufgang für die Dienerschaft
7 Schlafzimmer (cubiculum)	8 Nebenräume (alae)	9 Küche
10 Esszimmer (triclinium)	11 Durchgang	12 Kleines Wohnzimmer
13 Gartenhof (peristyl)	14 Hinterausgang	

Fragen zum Text:

1. **Wohnungsnot - ein Problem der heutigen Zeit?**
2. **Wohnsituation - ein Spiegelbild der römischen Gesellschaft?**

Lectio quinta C

1 Marcus et Āfra Tiberī fluviō appropinquant. Silentium hortōrum trāns
Tiberim petunt. Dum forō boariō appropinquant, clāmōrem vaccārum
et taurōrum audiunt. Tandem amīcī hortōs intrant atque ad stāgnum
in umbrā statuae magnae cōnsistunt.

5 Hīc clāmōrem neque vaccārum neque viae audiunt; silentium stāgnī
amīcīs placet. Hīc sē bene habent.
Marcus Āfram dē cotīdiānae vītae consuētūdinibus interrogat, quod
lībertae multō aliter quam fēminae puellaeque suae familiae vītam
agunt. Āfra nārrat:

10   "In lūdum īre nōn possum, quod patrem in taberna adiuvāre
dēbeō. Scrībere et legere domī discō. Praetereā post mortem
mātris meae rēs domesticās administrāre dēbeō...."
Āfra diū nārrat. Posteā Marcus quoque dē consuētūdinibus suīs nārrat.

15 Tum autem tacent, sē invicem adspectant, circumspectant, rūrsus sē
adspectant. Dēmum Marcus manum Āfrae pudīcē capit. Amans Āfra
Marcō ōsculum dat.

Das Forum Boarium heute mit dem Rundtempel des Hercules Victor,
der älteste erhaltene Marmorbau Roms (spätes 2.Jh.v.Chr.)

Vokabeln (Lek.5 C)

1	Tiberis, -is m.	: Tiber	
	fluvius, -ī m.	: Fluss	F fleuve
	silentium, -ī n.	: Ruhe	D Silentium E F silence
	trāns (m.Acc.)	: über	D Transit
5	forum boarium	: Rindermarkt	
	vacca	: Kuh	
	taurus	: Stier	
	ad (m. Acc.)	: zu; bei	
	stāgnum	: Teich	
10	umbra	: Schatten	E umbrella
	statua	: Statue	
	cōnsistere	: sich hinstellen, bestehen	
	cōnsistere ex	: bestehen aus	
	hīc	: hier	
15	**neque...neque**	: weder...noch	
	via, -ae f.	: Weg, Straße	
	habēre	: haben, halten	
	sē bene habēre	: sich wohlfühlen	
	dē (m. Abl.)	: von, aus, über	
20	cotīdiānus	: täglich, alltäglich	F quotidien
	vīta	: Leben	D vital F vie
	consuētūdō,-inis f.	:Gewohnheit, Lebensweise	
	multō	: um vieles (= völlig)	
	aliter	: anders	
25	**quam**	: als, wie	F quand
	fēmina	: Frau	D feminin F femme
	vītam agere	: leben, das Leben verbringen	
	īre	: gehen	
	pos-sum	: ich kann	E F possible
30	**pater, patris m.**	: Vater	F père I padre
	adiuvāre (m. Acc.)	: helfen, unterstützen	E aid F aider
	scrībere	: schreiben	
	domī	: zu Hause, im Hause	
	discere	: lernen	
35	**praetereā**	: darüber hinaus, außerdem	
	post (m. Acc.)	: nach	
	mors, mortis f.	: Tod	E mortal F mort
	māter, mātris f.	: Mutter	E mother F mère
	meus, -a, -um	: mein	E mine F mon, ma
40	**rēs, reī f.**	: Sache, Ding, Angelegenheit	
	domesticus	: häuslich	D domestizieren
			E domestic
	administrāre	: besorgen, verrichten, leiten	D E administration
	circum-spectāre	: umherschauen, sich umsehen	
	rūrsus	: wieder, von neuem	
45	ōsculum	: Kuss	E osculate

1. Nun hast du alle lateinischen Fälle kennengelernt.

    Der **Genitiv** antwortet auf die Frage *wessen?*
    Der **Dativ** antwortet auf die Frage *wem?*

    Suche nun diejenigen Wörter aus dem Text, die im Dativ stehen, und fülle die folgenden Kästchen aus:

Wort im Dativ Frage: **wem?**	welche Deklination?	Singular o. Plural?	En-dung

2. Mache nun dasselbe mit den Wörtern, die im Genitiv stehen!

Wort im Genitiv Frage: **wessen?**	welche Deklination?	Singular o. Plural?	En-dung

3. Nun kennst du alle Fälle und deren entsprechenden Endungen der **a**- und **o**-Deklination. Trage die vollständige Deklination der Wörter *puella, amicus* und *verbum* in die Tabelle ein:

KASUS	a-Deklination	En-dung	o-Deklination	En-dung	Neutra der o-Deklination	En-dung
Nominativ						
Genitiv						
Dativ						
Akkusativ						
Ablativ						
Nominativ						
Genitiv						
Dativ						
Akkusativ						
Ablativ						

4. Lerne die Endungen der a- und o-Deklination auswendig und trage sie in die Tabelle S. 135 und 136 ein!

5. Übersetze folgende Sätze!
   Achte dabei darauf, in welchem Fall **puella** jeweils steht!

   a) Marcus **puellae** osculum dat.
   b) Marcus manum **puellae** capit.
   c) **Puellae** libenter **puellae** et amicae **puellae** fabulas narrant.

   a)
   _____

   b)
   _____

   c)
   _____

In der antiken Gesellschaft gab es eine bestimmte Vorstellung von den Lebenszielen und -inhalten einer Frau:
Sie sollte -möglichst als Jungfrau- heiraten, ihrem Ehemann treu sein, Kinder bekommen und sich deren Erziehung widmen, bescheiden und zurückgezogen leben und ihre Pflichten im Haushalt erfüllen.
Für eine Frau aus dem antiken Rom galten diese Maßstäbe allerdings nur bedingt oder ihre Lebensumstände ließen eine Verwirklichung dieser Ideale nicht vollständig zu:
Es war sehr entscheidend, ob die Frau oder das Mädchen aus einer reichen und angesehenen oder aus einer armen Familie entstammte. Frauen und Mädchen von ärmeren Eltern waren entweder Sklavinnen, freigelassene oder freigeborene Arbeiterinnen. Die Sklavinnen arbeiteten in der Mehrzahl in den Hausgemeinschaften ihrer Herren. Sie waren

Amme mit dem Kind
einer reichen Römerin

dort z.B. Köchin, Zofe, Amme, Friseuse, Vorleserin, Spiegelhalterin, Unterhalterin, Tänzerin, Musikantin oder auch -in einer besser gestellten Position- Sekretärin.
Während diese Sklavinnen im Haus ihres Herrn wohnten und dieser sie als Gegenleistung für ihre Dienste ernährte, mussten freigelassene und freigeborene Arbeiterinnen selbst oder zusammen mit ihrem Ehemann für ihren Lebensunterhalt bzw. den ihrer Familie sorgen.
Diese Frauen haben in den unterschiedlichsten Berufen gearbeitet: als Handwerkerin, Hausangestellte, Wollarbeiterin, Färberin, Weberin, Müllerin, Kauffrau, Wirtin, Händlerin oder sogar als Handelsunternehmerin. In Ausnahmefällen ist es sogar vorgekommen, dass eine Frau die Vorsteherin einer bestimmten Handwerksgilde wurde.
Viele Frauen, die aus dem Orient stammten, spezialisierten sich auf den Verkauf besonderer Luxusartikel aus ihrer Heimat, z.B. exotischer Kosmetikartikel.
Es gab auch Frauen, die ihren Lebensunterhalt mit Prostitution verdienten. Die meisten dieser Frauen mussten dabei in armen Verhältnissen leben und arbeiten (z.B. in Hafenvierteln), zudem war ihr Gewerbe gesellschaftlich verpönt. Es gab nur sehr wenige Prostituierte, die in besseren Verhältnissen lebten. Diese Frauen waren zumeist die Konkubinen reicher Bürger oder Politiker.
Der Alltag einer berufstätigen Frau war durch ihr Arbeitsleben geprägt und für sie war ein Leben außerhalb der familiären Wohnung selbstverständlich.

Ganz anders war dies dagegen für Frauen aus reichen und angesehenen Familien:
Sie bekamen als Mädchen in Elementarschulen eine Grundausbildung in Lesen und Schreiben. Eine weiterführende Bildung, wie ihre Brüder, erhielten sie - zumindest in republikanischer Zeit - nicht. Dies änderte sich erst während der Kaiserzeit.
Sie wurden unter der Anleitung ihrer Mutter auf ihre Haushaltspflichten als zukünftige domina vorbereitet. Auch wenn in solchen Familien Sklaven alle Arbeiten, die im Haushalt anfielen, erledigten, mussten diese Mädchen aufgrund einer alten Tradition das Spinnen und Weben beherrschen.
Die meisten Ehen innerhalb der Oberschicht wurden aus bestimmten, 'vernünftigen' Gründen geschlossen: Es sollte durch die entsprechende Verbindung zweier Fa-

Bildnis einer Römerin

milien die gesellschaftliche, finanzielle oder politische Position beider Familien gestärkt werden. Das durchschnittliche Heiratsalter dieser Mädchen lag zwischen 12 und 15 Jahren.
Einen Beruf ergriffen diese Frauen nicht. Sie organisierten die Arbeit in der Hausgemeinschaft, d.h. sie teilten den Sklaven ihre Aufgaben zu und überwachten deren Ausführung. Dadurch hatten solche Frauen Zeit für andere Dinge: Sie machten Besuche und Einkäufe, gingen auf Feste oder Aufführungen und organisierten Feiern im eigenen Haus.
Eine wichtige Aufgabe mussten sie mit der Erziehung ihrer Kinder erfüllen, denn diese sollten ausreichend auf ihr Leben in der Oberschicht vorbereitet werden. Obwohl diese Frauen keine besondere Ausbildung genossen hatten, gab es jedoch einige, die sich -am Vorbild des Vaters oder Ehemanns orientierend- im Bereich der Dichtung, Literatur, Musik, Kunst oder Rhetorik weiterbildeten. So war z.B. **Sulpicia** eine berühmte Dichterin ihrer Zeit (ab 29 v.Chr.).

Fragen zum Text:

1. **Gibt es Ähnlichkeiten zwischen der gesellschaftlichen Rolle einer Frau in heutiger Zeit und der einer Römerin aus der Antike?**
2. **Was ist unterschiedlich?**

LECTIO SEXTA A

Am nächsten Tag nach der Schule besucht Marcus Afra. Wie jeden Tag hilft sie ihrem Vater in der Taverne. Diesem war es nicht verborgen geblieben, dass sie schon den ganzen Morgen über aufgeregt war und erkennt nun den Grund dafür, als er sieht, wie die beiden sich anschauen.
Er sagt zu seiner Tochter: 'Im Moment ist hier wenig los. Wenn du willst, kannst du ja oben Pause machen, bis ich dich wieder rufe.'

---

1 Āfra Marcum scālīs in domicilium suum subdūcit. Marcus cūriōse circumspectat: domicilium parvum ex aedibus tantummodo duōbus cōnsistere videt. Tum duās parvās fenestrās alterīus aedis ad viam spectāre videt; aedem clāmōre sēdulo viae complētam esse audit.

5 Aedem parcē īnstrūctam esse videt -mēnsa, duae sellae, parvum armārium, lectus.

Alteram aedem ferē obscūram esse animadvertit; nam ūna fenestra ad āream postīcam spectat.

10 Marcus hodiē prīmum domicilium īnsulae videt.

Nunc familiam suam dītiōrem multīs aliīs familiīs Rōmae esse animadvertit:

15 Hīc enim neque triclīnium sēperātum neque ātrium neque cubicula neque hortus sunt. Ictus tacet.

Blick in das Zimmer einer INSULA in Ostia

Āfra autem domicilium mōnstrat
20 atque contumāciter sē pecūniā, quam in tabernā accipiunt, mercēdem solvere atque sēcūre vīvere posse dīcit. Sē valdē iuvāre et in taberna adiuvāre et rēs domesticās administrāre nārrat.

Dum Āfra nārrat, pānem et vīnum in mēnsa pōnit.

25 Marcus cōnsīdet atque sē hīc -ut domī- bene habēre sentit.

Angustiās aedis nōn iam videt. Clāmōrem viae nōn iam audit.

Vokabeln (Lek.6 A)

1	domicilium	: Wohnung	D Domizil
	cūriōse	: neugierig	D kurios
	aedīs, -is f.	: Zimmer, Gemach	
	tantummodo	: nur, lediglich	
5	fenestra	: Fenster, Maueröffnung	D Fenster F fenêtre
	alter...alter	: der eine...der andere	
	sēdulus	: emsig, geschäftig	
	complētus	: angefüllt, erfüllt	D Kompliment F compléter E complete
	parcē	: spärlich, karg	
10	īnstrūctus	: eingerichtet	D Instruktion
	mēnsa	: Tisch	
	sella	: Stuhl, Hocker	
	armārium	: Schrank	F armoire
	lectus	: Bett	F lit
15	obscūrus	: dunkel, finster	D obskur E F obscure
	animadvertere	: wahrnehmen, bemerken	
	ūnus, -a, -um	: einer, ein einziger	F un, une
	ārea postīca	: Hinterhof	
	prīmum	: zuerst, zum ersten Mal	D prima E F prime
20	īnsula	: Mietshaus, Insel	E island F île
	dītior, -iōris (Gen.)	: reicher (Komparativ zu dīves)	
	alius, -a, -ud	: ein anderer	
	triclīnium	: Speisezimmer	
	sēparātus	: gesondert, abgetrennt	D separat F separé E separate
25	cubiculum	: Schlafzimmer	
	ictus	: betroffen, beunruhigt	
	mōnstrāre	: zeigen	D Demonstration F montrer
	contumāciter	: stolz	
	pecūnia	: Geld, Eigentum	D pekuniär F pécuniaire
30	merces, -ēdis f.	: Miete	
	secūre	: sorglos	
	vīvere	: leben	F vivre
	posse	: können, vermögen	F pouvoir
	valdē	: sehr, stark, heftig	
35	sē iuvāre (m.Acc.)	: Freude an etw. haben	
	pānis, -is m.	: Brot	F pain I pane
	pōnere	: legen, setzen, stellen	D Position, Pose F poser
	ut	: wie	
	sentīre	: fühlen, meinen wahrnehmen	E sense F sentir
40	angustiae, -ārum	: Enge, Armut	
	nōn iam	: nicht mehr, nicht länger	

ÜBUNGEN UND GRAMMATIK

In Lektion 5 und 6 A sind einige Wörter aufgetaucht, die nicht zur o- oder a-Deklination gehören. Sie werden nach der **konsonantischen** Deklination flektiert (→ Wortstamm endet auf einen Konsonanten).

(homo, corpus [5A]; clamor, vox, carmen [5B];
consuetudo, mors, mater, pater [5C]; aedes, merces, panis [6A])

1. Schau dir die Endungen von *homo* und *corpus* genau an, und versuche dann in den beiden rechten Spalten zwei der oben angegebenen Substantive zu deklinieren.   Doch Vorsicht:
Du musst zunächst den Genitiv und das Geschlecht kennen, da der Genitiv dir den Wortstamm verrät und die Neutra der konsonantischen denselben Regeln unterliegen wie alle anderen Neutra (s.S. 26)!

KASUS	**homo** m.	**corpus** n.		
Nominativ	homo	corpus		
Genitiv	homin-**is**	corpor-**is**		
Dativ	homin-**i**	corpor-**i**		
Akkusativ	homin-**em**	corpus		
Ablativ	homin-**e**	corpor-**e**		
Nominativ	homin-**es**	corpor-**a**		
Genitiv	homin-**um**	corpor-**um**		
Dativ	homin-**ibus**	corpor-**ibus**		
Akkusativ	homin-**es**	corpor-**a**		
Ablativ	homin-**ibus**	corpor-**ibus**		

2. Trage die Formen in die Tabelle auf Seite 135 ein!

ZUSATZTEXT

1 Villa Afrae in <u>clivo Aventino</u> sita est. Marcum et Afram villae
2 appropinquare videmus. In atrio villae clamorem virorum laetorum
3 audimus. Iterum iterumque servi domino et amicis domini vinum ap-
4 portant. Amicos iam ebrios esse videmus. Statim Marci patrem filio
5 et Afrae poculum vini verbis blandis offerre audimus.
6 Subito virum ebrium Afrae appropinquare et puellae <u>molestum esse</u>
7 videmus. Tum Marcus <u>iratus</u> virum ebrium <u>repellit</u>. Virum in aquam
8 impluvii incidere videmus. Dum ceteros ridere audimus, Marcum
9 manum Afrae capere et puellam clam in hortum ducere videmus.

Zeile 1:	*clivus Aventinus*:	der Aventin (einer der sieben Hügel von Rom)	
Zeile 6:	*molestus esse*:	belästigen	
Zeile 7:	*iratus*:	zornig / *repellere*:	zurückstoßen

Die Schulen der Antike waren nur selten staatliche Einrichtungen (wie z.B. im griechischen Sparta, wo der Staat eine vor allem militärische Erziehung vom 7. bis 19. Lebensjahr organisierte).

In Rom waren Schulen zunächst private Geschäftsunternehmen; erst spät in der Kaiserzeit wurden die Lehrer teilweise vom Staat finanziert und so das Schul- und Universitätswesen auch einem gewissen staatlichen Einfluss unterworfen.

Man unterschied zwischen

Elementarschulen,
Grammatikerschulen und
Rhetorikerschulen.

Moderner ausgedrückt könnte man von 'Grundschulen', 'weiterführenden Schulen' und 'Universitäten' sprechen (siehe unten).

Diese Schulen konnte jeder besuchen, der (bzw. dessen Familie) es sich leisten konnte, während der Schulzeit

Also lautet ein Beschluss,
dass der Mensch was lernen muss.
Nicht allein das A-B-C
bringt den Menschen in die Höh';
nicht allein in Schreiben, Lesen
übt sich ein vernünftig Wesen;
nicht allein in Rechnungssachen
soll der Mensch sich Mühe machen,
sondern auch der Weisheit Lehren
muss man mit Vergnügen hören.

Dass dies mit Verstand geschah,
war Herr Lehrer .... da.

nicht zu arbeiten und das Honorar für den Lehrer zu bezahlen. Eine Schulpflicht gab es nicht. Die Kinder von Sklaven wurden in den großen römischen Adelsfamilien in eigenen Hausschulen unterrichtet.

Während in Griechenland auch Sport, Musik und Kunst Schulthemen waren, beschränkten sich die Schulen in Rom weitgehend auf sprachlichen Unterricht. Sie setzten auch voraus, dass die familia für die religiöse, moralische und staatsbürgerliche Erziehung sorgte.

Wie man sich eine solche Erziehung in der familia im Idealfall vorstellte, macht ein Text des griechischen Schriftstellers Plutarch (46-125) über den Römer Cato (234-149) deutlich, der in seine "bíoi parállēloi" (jeweils parallel und im Vergleich der Lebenslauf eines Römers und eines Griechen) über diesen vorbildlichen Römer schreibt:

> *"Er war ein guter Vater. ... Als sein Sohn begann, sich geistig zu regen,*
> *kümmerte sich der Vater selbst um ihn und lehrte ihn Lesen und Schrei-*

ben, obwohl er einen geschickten Sklaven namens Ceylon als Lehrer hatte, der viele Kinder (der Sklaven Catos) unterrichtete.... Er selbst war der Lehrer seines Sohnes im Lesen und Schreiben, auch sein Gesetzeslehrer und sein Sportlehrer. Er brachte ihm nicht nur Speerwerfen, Fechten und Reiten bei, sondern trainierte ihn auch im Aushalten von Hitze und Kälte und im Schwimmen ...Seine Zunge hütete er in Gegenwart des Jungen genauso, wie wenn die ehrwürdigen Jungfrauen, die Vestalinnen, anwesend gewesen wären. " (Cato Major 20)

Elementarschulen (*ludus litterarius*)

Diese Schulen gab es in Rom wahrscheinlich bereits im 5. Jahrhundert, sicher aber im 3. Jahrhundert v. Chr. Um die Elementarschulen kümmerte sich der Staat auch später in der Kaiserzeit nicht, und die Lehrer dieser Schulen (*ludi magister* oder *litterator* = Buchstabenlehrer) waren von der von Kaiser Marc Aurel verfügten Steuerfreiheit für Lehrer ausgenommen und hatten nur geringes Ansehen.
Ihren Unterricht boten sie gegen Bezahlung in offenen Läden in der Nähe des Forums an. Die Schule fand für Kinder zwischen 7 und 12 Jahren täglich (außer an den vielen Festtagen) vor- und nachmittags statt. Ferien gab es wahrscheinlich von Ende Juli bis Mitte Oktober. Gelernt wurde Lesen, Schreiben (und vielleicht Rechnen) mit Hilfe von Wachstafeln, Tinte und Papyrus und Buchrollen. Auch Wandtafeln wurden bereits benutzt. Es herrschte eine strenge Ordnung.
Elementarschulen gab es ab dem ersten Jahrhundert n.Chr. auch in kleineren Gemeinden (vicus).

Grammatikerschulen bzw. Literaturschulen

Der *grammaticus* vermittelte den Schülern 'Grammatik' als Basis für das Lesen und Verstehen wichtiger **griechischer** (Homer, Euripides, Sophokles, Menander...) und **römischer** (Vergil, Terenz, Horaz...) Schriftsteller. Daneben gab es Kompositionsunterricht (wenig) und Mathematik (auch wenig).
Die Auseinandersetzung mit den Texten der Schriftsteller verlief in 4 Schritten:

1. Textfassungen der Schüler vergleichen (kein Buchdruck oder Fotokopierer!)
2. Text vorlesen: *scriptio continua*
   GALLIAOMNISDIVISAESTINPARTESTRESQUARVMVNVMINCOLVNT
   BELGAE...
3. Erklärung von Vokabeln, Grammatik und Inhalt
4. Beurteilung (Was können wir daraus für unser Leben lernen?)

Die Grammatikerschule wurde von den **Jungen** längstens bis zum Empfang der **toga virilis** (17) besucht. Auch die Grammatikerschulen waren bis in die Kaiserzeit private Einrichtungen. Dann erhielten Lehrer, die von der Gemeinde geprüft wurden, ein festes Gehalt für ihre Tätigkeit, erhoben daneben aber auch noch Privathonorare. Erst unter Kaiser Theodosius II (408-450) wurde aller privater höherer Unterricht (Grammatikerschulen und Rhetorikschulen) verboten. Grammatikerschulen gab es in allen größeren Städten.

Rhetorenschule

Hier wurde vor allem Rede- und Argumentationskunst (Rhetorik) vermittelt, zunächst nur griechisch, ab 93 v. Chr. auch lateinisch. Diese Schulen waren in Rom anfangs sehr umstritten (Vertreibung der Lehrer bzw. Schulverbot 161 und 92 v. Chr.), setzten sich dann aber durch und wurden noch früher als die Grammatikerschulen vom Staat unterstützt und beaufsichtigt. Die erste staatliche Hochschule, das **Athenaeum,** wurde von Kaiser Hadrian (117-138) in Rom gegründet.

Die Lehrer dieser Redeschulen (*rhetores* oder *oratores*) waren natürlich die angesehensten Lehrer. Sie unterrichteten (nur vormittags) in Hörsälen am Forum. Die Reden großer Redner (Demosthenes, Cicero) wurden studiert und eigene Redeübungen verfasst. Einige Hochschulen der damaligen Zeit legten auch einen Schwerpunkt auf Philosophie, Ethik und Staatslehre (Athen) oder auf Recht (Beirut).

Außer in der Redekunst bleibt die wesentliche Sprache für eine 'höhere Bildung' in der Philosophie und in allen anderen Wissenschaften (wie z.B. Medizin) das Griechische.

Mit der staatlichen Aufsicht waren zum Teil strenge Vorschriften für die Studenten verbunden: Sie brauchten eine Empfehlung ihrer Heimatstadt, unterstanden der Aufsicht eines Staatsbeamten, des Censors, und mussten ihr Studium in Rom mit 20 Jahren abgeschlossen haben.

Erst in der Kaiserzeit wurde ein Studium für Frauen der Oberschicht üblich.

Fragen zum Text

1.   a) **Wie hießen die drei Schultypen und welche Kinder/Jugendlichen besuchten sie?**
   b) **Was wurde dort gelehrt?**
   c) **Kamen alle Kinder in den Genuss einer Schulbildung?**

2.   **Was sind deiner Meinung nach die wichtigsten Ähnlichkeiten und Unterschiede zwischen den römischen Schulen und den heutigen Schulen?**

Lectio sexta B

In der folgenden Zeit verabreden sich Marcus und Afra sehr oft. Obwohl Marcus morgens zur Schule gehen und Afra ihrem Vater in der Kneipe helfen muss, haben sie noch genügend Zeit füreinander. Besonders spannend findet Marcus es, wenn Afras Vater aus seiner Heimat in Africa erzählt. Die schönste Geschichte erzählt von einem Delfin:

1   "Est in Āfrica Hippōnensis colōnia marī proxima. Hīc omnes incolae
     piscantur, nāvigant atque etiam natant, maximē puerī. Hominibus
     glōria et virtūs est altissimē prōvehi; victor est ille, quī longissimē
     prōvehitur. Hōc in certāmine puer quīdam in mare altum natābat.

5   Incolae Hippōnensēs
     subitō vident
     delphīnum occurrere,
     et eum nunc praecēdere puerum,
     nunc sequī,

10   nunc circumīre,
     postrēmō subīre,
     dēpōnere,
     iterum subīre
     trepidāntemque portāre

15   prīmum in mare altum,
     mox flectere ad lītus,
     reddere puerum terrae et sociīs.

Münze aus Tarent (um 500 v.Chr.)

     Omnes hominēs dē hōc certāmine
     nārrant.

20   Audīmus omnes concurrere,
     puerum tamquam mīrāculum aspicere,
     dēclāmāre,
     nārrāre.

Vokabeln (Lek.6 B)

1	**Hippōnensis**	: hipponensisch (Hippo: Stadt in Numidien)	
	colōnia	: Kolonie	E colony F colonie
	mare, maris n.	: Meer	D Marine F mer
	proximus	: nahe, nahegelegen	F proche
5	**omnes**	: alle	D Omnibus
	incola, incolae m.	: Einwohner	
	piscantur	: sie fischen	
	nāvigāre	: segeln	D Navigation
	etiam	: auch, sogar	
10	maximē	: am meisten, besonders	D Maximum
	puer, puerī m.	: Junge	
	glōria	: Ruhm	D Glorie E glory F gloire
	virtūs, virtūtis f.	: Tapferkeit	E virtue F vertu
	altissimē	: besonders weit	
15	prōvehī	: (hier:) hinausschwimmen	
	victor, victōris m.	: Sieger	E victor F vainqueur
	ille, illa, illud	: jener, jene, jenes	
	quī, quae, quod	: dieser, diese, dieses welcher, welche, welches	
	longissimē	: am weitesten	
20	**hic, haec, hoc**	: dieser, diese, dieses	
	certāmen, -minis n.	: Wettkampf	
	altus	: hoch, tief	
	delphīnus	: Delfin	
	occurrere	: entgegenkommen, h.: heranschwimmen	E occur
25	**is, ea, id**	: er, sie es; der, die, das	
	praecēdere (m. Acc.)	: vorausgehen, h.: vorausschwimmen	D Präzedenzfall
	sequī (m. Acc.)	: folgen	D Serie
	circumīre	: umkreisen	
	postrēmō	: zuletzt, endlich	
30	subīre	: auf den Rücken nehmen	
	dēpōnere	: ablegen	D deponieren F deponer
	trepidāntem	: den zitternden (Jungen)	
	portāre	: tragen	D Porto F porter
	mox	: bald	
35	flectere	: biegen, abbiegen	D Flektion
	lītus, lītoris n.	: Küste	
	reddere	: zurückbringen, -geben	
	socius	: Gefährte, Freund	D sozial E F social
	concurrere	: zusammenlaufen	
40	**tamquam**	: gleichsam wie	
	mīrāculum	: Wunder	E F miracle
	aspicere	: anschauen, mustern	D Aspekt
	dēclāmāre	: laut reden	D deklamieren

Accusativus cum infinitivo - AcI

Wenn wir bei dem kurzen deutschen Satz "Ich höre die Schweine grunzen." die Satzteile bestimmen und kennzeichnen, ergibt sich folgendes Bild:

(Subjekt) S	(Prädikat) P	(Akkusativobjekt) AO	(Infinitiv) Inf
Ich	*höre*	*die Schweine*	*grunzen.*

Vom übergeordneten Prädikat "hören" ist also ein Akkusativ, verbunden mit einem Infinitiv, abhängig. Exakt dasselbe ist auch in der lateinischen Sprache möglich:

Sues grundire audio.   (sus = Schwein / grundire = grunzen)

In der deutschen Sprache sind solche Satzkonstruktionen allerdings nur nach einigen Verben der sinnlichen Wahrnehmung möglich (bzw. üblich), wie z.B.: hören und sehen.
In der lateinischen Sprache ist diese **AcI-Konstruktion** hingegen auch in Abhängigkeit von einer Reihe anderer Verben möglich, nämlich nach Verben wie: befehlen, sagen, sich freuen, wissen etc., z.B.:

Sues grundire scio.

Ein Versuch der wörtlichen Übersetzung (ich weiß Schweine grunzen) scheitert und wir müssen in der deutschen Sprache dann einen Nebensatz bilden, der mit "dass" eingeleitet wird, also: Ich weiß, **dass** Schweine grunzen.
Wenn du also in einem Text einen AcI vorfindest, übersetze ihn am besten mit einem Nebensatz eingeleitet mit 'dass'; erst in einem zweiten Schritt würde ich nachprüfen, ob auch eine wörtliche Übersetzung möglich ist. Die Übersetzung mit einem dass-Satz ist in jedem Fall richtig. (So auch im ersten Beispiel: Ich höre, dass die Schweine grunzen.)

1.   Unterstreiche den AcI und übersetze danach folgende Sätze!

      Marcus patrem Afrae poculum vini offerre videt.

_____

Afra virum ebrium carmina cantare audit.

_____

Marcus Afram sibi (ihm) osculum dare cupit.

_____

Marcus Afram puellam formosam esse dicit.

_____

Afra se res domesticas administrare narrat.

_____

2. Bilde mit den angegebenen Vokabeln einige lateinische Acl-Konstruktionen. Achte dabei auf den lateinischen Satzaufbau (Prädikat am Satzende)!

Ich sehe, dass Marcus   den Garten   betritt.

→   **Marcum   hortum   intrare   video.**

Ich sehe, dass die Jungen schwimmen.   sehen: videre,
                                              Junge: puer,
                                              schwimmen: natare

→ _____

Wir hören, dass die Einwohner schreien.   hören: audire,
                                              Einwohner: incola,
                                              schreien: clamare

→ _____

Der Vater erzählt, dass Afra segelt.   Vater: pater,
                                              erzählen: narrare,
                                              segeln: navigare

→ _____

Übersicht der **Demonstrativpronomina**

hic, haec, hoc (dieser, diese, dieses) und
ille, illa, illud (jener, jene, jenes) und
is, ea, id (er, sie, es)

	Singular			*Plural*		
	mask.	**fem.**	**neutr.**	**mask.**	**fem.**	**neutr.**
Nominativ	hic	haec	hoc	hī	hae	haec
Genitiv	huius	huius	huius	hōrum	hārum	hōrum
Dativ	huic	huic	huic	hīs	hīs	hīs
Akkusativ	hunc	hanc	hoc	hōs	hās	haec
Ablativ	hōc	hāc	hōc	hīs	hīs	hīs
Nominativ	ille	illa	illud	illī	illae	illa
Genitiv	illīus	illīus	illīus	illōrum	illārum	illōrum
Dativ	illī	illī	illī	illīs	illīs	illīs
Akkusativ	illum	illam	illud	illōs	illās	illa
Ablativ	illō	illā	illō	illīs	illīs	illīs
Nominativ	is	ea	id	iī	eae	ea
Genitiv	eius	eius	eius	eōrum	eārum	eōrum
Dativ	ei	ei	ei	iīs	iīs	iīs
Akkusativ	eum	eam	id	eōs	eās	ea
Ablativ	eō	eā	eō	iīs	iīs	iīs

Übersicht der **Relativpronomina**

qui, quae, quod (der, die, das/welcher, welches, welches)

	Singular			*Plural*		
	mask.	**fem.**	**neutr.**	**mask.**	**fem.**	**neutr.**
Nominativ	qui	quae	quod	quī	quae	quae
Genitiv	cuius	cuius	cuius	quōrum	quārum	quōrum
Dativ	cui	cui	cui	quibus	quibus	quibus
Akkusativ	quem	quam	quod	quōs	quās	quae
Ablativ	ā quō	ā quā	quō	quibus	quibus	quibus

3. Trage die Formen von *hic, ille, is* und *qui* in die Übersicht der Pronomina auf Seite 137 bzw. Seite 138 ein!

suus - eius

Titus avunculus Marci est.   (avunculus = Onkel)
Quintus avunculus Afrae est.
Marcus et Afra avunculos visitare volunt.

Tertia hora Marcus cum Afra avunculum suum visitat.
Quarta hora Marcus cum Afra avunculum eius visitat.
Quinta hora Afra cum Marco avunculum suum visitat.
Sexta hora Afra cum Marco avunculum eius visitat.

Wann besuchen sie welchen Onkel? Ergänze:

Tertia hora Marcus et Afra _____ avunculum visitant.

Quarta hora Marcus et Afra _____ avunculum visitant.

Quinta hora Marcus et Afra _____ avunculum visitant.

Sexta hora Marcus et Afra _____ avunculum visitant.

Weitere Tipps zum Vokabeln Lernen und Üben

Grundsatz: Besser regelmäßig kurz (nicht mehr als 10 bis 15 Minuten) Vokabeln lernen als einmal lang!
Die sicherste Methode, Vokabeln zu lernen und gezielt zu wiederholen, ist die Lernkartei. Wenn du ohne Lernkartei arbeitest, achte auf Folgendes:

- Die lateinischen Wörter, ihre deutsche Bedeutung und eventuell zusätzlich ein Beispiel **selbst aufzuschreiben**, kann das Behalten sehr fördern.
- Vokabeln **allein** aus dem Lateinbuch zu lernen, kann dazu führen, dass du dir die deutsche Bedeutung zu der Vokabel links oben oder in der Reihenfolge des Buches merkst. In einem anderen Zusammenhang, also z.B. in einem Text, den du übersetzen sollst, fällt dir die Vokabel dann vielleicht nicht ein. Lass deshalb lieber jemand anderen die Vokabeln in wechselnder Reihenfolge **abfragen**. Weil die Aussprache im Lateinischen leicht zu lernen ist, können das auch Leute, die kein bisschen Latein können.

Zum Vokabeln-Lernen - wie überhaupt zum Lernen - brauchst du Ruhe (innere und äußere). **Also**: Entspanne dich und nimm dir soviel Zeit, wie du brauchst. Lerne an einem Ort, an dem du möglichst wenig gestört wirst. Störe dich auch nicht selbst durch Musik, die dich ablenkt oder nervös macht (das ist leider alle Musik mit einem sehr auffälligen Rhythmus).

LECTIO SEPTIMA A

Aber nicht nur der Vater erzählt oft spannende Geschichten, sondern auch Marcus beantwortet viele Fragen. Denn weder Afra noch ihr Vater haben eine Schule besucht. Daher wissen sie nicht sehr viel über das römische Weltreich und die Geschichte Roms. So erzählt Marcus die Sage von der Gründung Roms:

Vorkommende Eigennamen:

Rōmulus und Remus, Aenēās, Numitor, Amūlius, Rēa Silvia

---

1 "Duae sunt fābulae, quārum altera Rōmulum Rōmam condidisse dīcit,
altera Trōiānum Aenēām patrem Rōmae fuisse dīcit. Sed prīmum dē
Rōmulō et Remō nārrāre cupiō!
Numitor rēx Latīnōrum in Albā Longā fuit. Sed aliquandō Amūlius, frā-

5 ter Numitōris, cupiditāte rēgnī commōtus est et frātrem rēgnō expulit.
Tum fīlium Numitōris necāvit atque fīliam, Rēam Silviam, in Tiberim
iēcit. Līberī quoque, Rōmulus et Remus, postquam in corbulā positī
sunt, in Tiberī expositī sunt.
Eō modō imperium suum cōnfirmāre voluit, quod ita nūllum ē posterīs

10 rēgnum petere posse putāvit. Sed corbula ad rīpam flūminis iactāta
est et īnfantēs ā lu-
pā inventī sunt.
Illa lupa Rōmulum
Remumque aluit.

15 Posteā frātrēs avum
Numitōrem investi-
gāvērunt, frātrem
eius Amūlium necā-
vērunt.

20 Post multōs annōs
ad rīpam Tiberis
urbem Rōmam
condidērunt."

Kapitolinische Wölfin

Vokabeln (Lek.7 A)

1	**alter, altera, alterum**	: ein anderer	D F Alternative
	condere	: gründen	
	Trōiānus	: trojanisch, Trojaner	
	rēx, rēgis m.	: König	D Regent F régent E regency
5	Latīnī	: Latiner, Bewohner Latiums, d.i. die Gegend um Rom	
	Alba longa	: Mutterstadt Roms am Albanerberg	
	aliquandō	: irgendwann einmal	
	frāter, frātris m.	: Bruder	F frère I fratello
	cupiditās, -tātis f.	: Verlangen, Begierde	F cupidité E cupidity
10	**rēgnum**	: Königreich, -sherrschaft	D Regierung F régner E regent
	commovēre	: bewegen	
	expellere	: vertreiben	F E expulsion
	necāre	: töten	
	fīlia	: Tochter	D Filiale F fille
15	**iacere**	: werfen	
	corbula	: Körbchen	
	līberī, -ōrum	: Kinder	
	ex-pōnere	: aussetzen, -stellen, -legen	D Exponat F exposé
	eō modō	: auf diese Art und Weise, so	
20	**imperium, iī n.**	: Herrschaft, Oberbefehl	D Imperialismus E imperial
	cōnfirmāre	: stärken, sichern	D Konfirmation E confirm
	velle	: wollen	
	ita	: so	
	nūllus, -a, -um	: keiner	
25	**posterī, -ōrum**	: Nachkommen	E posterity
	putāre	: glauben, meinen	
	rīpa	: Ufer	
	flūmen, -minis n.	: Fluss, Strömung	F fleuve I fiume
	iactāre	: hin- und herwerfen, pass.: treiben	
30	**īnfāns, -ntis m./f.**	: Säugling	D infantil F enfant
	ā, ab (m. Abl.)	: von, von...her	
	lupa	: Wölfin	F loup
	invenīre	: finden, erfinden	E invent
	alere	: nähren, ernähren	D Alimente E alimentation F alimenter
35	avus	: Großvater	
	investīgāre	: aufspüren, finden	E investigation
	urbs, urbis f.	: Stadt	D E urban F urbain

Stammformen „unregelmäßiger" Verben

(auch bei den Stammformen müssen die fettgedruckten gelernt werden)

Infinitiv	1.Sg.Präs	1.Sg. Perf	Partizip Perfekt Passiv
condere	condō	condidī	conditus
commovēre	**commoveō**	**commōvī**	**commōtus**
expellere	**expellō**	**expulī**	**expulsus**
iacere	iaciō	iēcī	iactus
expōnere	**expōnō**	**exposuī**	**expositus**
velle	volō	voluī	--
invenīre	**inveniō**	**invēnī**	**inventus**
alere	alō	aluī	altus

ÜBUNGEN UND GRAMMATIK

Das lateinische Perfekt

Das Perfekt Aktiv der lateinischen Sprache wird nicht bei jedem Verb gleich gebildet. Doch du wirst es immer erkennen, wenn du die Endungen des Perfekts kennst und wenn du von nun an die Stammformen der Verben (in der Vokabelliste) mitlernst.

Das Perfekt Passiv ist dagegen leicht zu erkennen; es setzt sich aus dem Partizip Perfekt Passiv (die letzte Form der Stammformen) und einer Form von *esse* zusammen.

Perfekt Aktiv

		Übersetze
1. Person Singular	porta-**v**-**i**	
2. Person Sg.	porta-**v**-**isti**	
3. Person Sg.	porta-**v**-**it**	
1. Person Plural	porta-**v**-**imus**	
2. Person Pl.	porta-**v**-**istis**	
3. Person Pl.	porta-**v**-**erunt**	
Infinitiv	porta-**v**-**isse**	

Perfekt Passiv

		Übersetze
1. Person Singular	porta-**tus sum**	
2. Person Sg.	porta-**tus es**	
3. Person Sg.	porta-**tus est**	
1. Person Plural	porta-**ti sumus**	
2. Person Pl.	porta-**ti estis**	
3. Person Pl.	porta-**ti sunt**	
Infinitiv	porta-**tum esse**	

Die Formen von *esse* im Perfekt:

1. Person Singular	**fui**	(ich bin gewesen)
2. Person Sg.	**fuisti**	(du bist gewesen)
3. Person Sg.	**fuit**	(er/sie/es ist gewesen)
1. Person Plural	**fuimus**	(wir sind gewesen)
2. Person Pl.	**fuistis**	(ihr seid gewesen)
3. Person Pl.	**fuerunt**	(sie sind gewesen)
Infinitiv	**fuisse**	(gewesen sein)

1. Vervollständige die Konjugationstabellen auf Seite 141 und 142 mit den Perfekt-Formen!

Übersetzung des lateinischen Perfekts:

Die lateinische und deutsche Sprache unterscheiden sich in der Benutzung des Perfekts. In der Erzählung des Marcus (Text 7 A) hast du die lateinischen Perfektformen nicht immer mit dem deutschen Perfekt, sondern manchmal auch mit dem Präteritum übersetzt.

Es gibt also zwei Übersetzungsmöglichkeiten des Perfekts:

		deutsches Perfekt	deutsches Präteritum
Aktiv:	posuit:	**er/sie/es hat gelegt**	**er/sie/es legte**
Passiv:	positus est:	**er ist gelegt worden**	**er wurde gelegt**

2. Überprüfe, an welchen Stellen des Textes du bei der Übersetzung des lateinischen Perfekts das deutsche Perfekt, an welchen Stellen du das Präteritum benutzt hast!

das deutsche Perfekt: _____

_____

das Präteritum : _____

_____

3. Kannst du erkennen, wann man ein lateinisches Perfekt im Deutschen ebenso mit Perfekt, und wann mit Präteritum übersetzt:

mit dtsch. Perfekt: _____

_____

_____

m. dt. Präteritum: _____

_____

_____

GESCHICHTEN VON DER GRÜNDUNG ROMS

Als die Römer mit Karthago den letzten militärischen Gegner im Mittelmeerraum besiegt hatten, begannen sie, ihre Geschichte zu "erfinden". Als Volk mit einer (hoffentlich) glänzenden Zukunft brauchte man eine entsprechend glanzvolle Vergangenheit, in der natürlich auch einige Götter als Ahnen nicht fehlen durften.

Das älteste historische Datum, mit dem die römischen Historiker arbeiten konnten, war die Gründung der römischen Republik nach der Vertreibung des siebten und letzten Königs von Rom, Tarquinius Superbus.

Für die Gründung Roms, der Sage nach im Jahre 753 durch Romulus, gab es zwei Überlieferungsstränge

→ a. der aus der griechischen Tradition kommende vom Troianer Aeneas, der nach der Zerstörung Trojas nach langer Irrfahrt Italien erreicht.

→ b. die lokale Volkssage von den Zwillingen Romulus und Remus.

Beide Traditionen werden z.B. von Titus Livius in seiner "Römischen Geschichte" verbunden: Romulus, der Enkel des Aeneas, gründet Rom.

Als antike Historiker die Zerstörung Trojas auf das 12. Jh. vordatieren, wurden die "Könige von Alba Longa" als Zwischenglieder zwischen Aeneas und Romulus eingebaut.

Der mythische Stammbaum

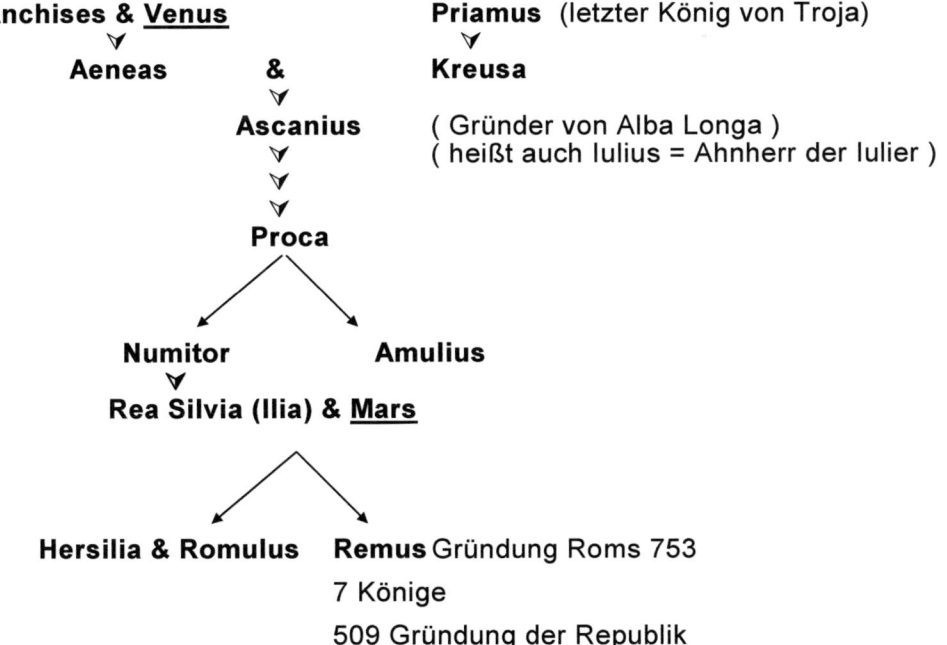

Anchises & **Venus**   **Priamus** (letzter König von Troja)
    ∨   ∨
  Aeneas   &   **Kreusa**
           ∨
      Ascanius   (Gründer von Alba Longa)
        ∨   (heißt auch Iulius = Ahnherr der Iulier)
        ∨
        ∨
      Proca

Numitor   **Amulius**
  ∨
Rea Silvia (Ilia) & Mars

Hersilia & Romulus   **Remus** Gründung Roms 753

7 Könige

509 Gründung der Republik

Lectio septima B

1 Postquam Marcus fābulam nārrāvit, Āfra interrogat: "Num lupa
īnfantēs ēducāvit ?"
Marcus respondet: " Nōn lupa, sed pāstor nōmine Faustulus īnfantēs ēducāvit. Puerōs invēnit et in casam suam portāvit.

5 Ubī casam intrāvit, Acca uxor mīrābunda vocāvit: "Heus tū, ubī
puerōs invēnistī, Faustule ?"
Faustulus dīxit: "Ad flūmen māne ambulāvi, cum subitō in rīpā
puerōs clāmāre audīvī. Paulō post lupa, quam iam saepe ad flūmen vīdimus, vēnit et puerōs aluit.

10 Cum lupa puerōs relīquit, eōs cēpī et domum portāvi."
"Perturbāta sum. Crēdere nōn possum lupam īnfantēs alere", Acca
dīxit, sed līberī clāmant: " Laetae sumus, quod nunc duōs frātrēs
habēmus."
Faustulus: "Crēdō puerōs illōs esse fīliōs Rēae Silviae, Numitōris

15 fīliae. Amūlius servōs suōs eōs in aquā expōnere iussit. Id herī
audīvī ex Amūliī servō."
Cōmiter uxor ad puerōs sē vertit: "Ā deīs servātī estis, sed nunc
apud nōs estis et vōs custōdīmus."
Līberī rīdent: "Nunc es māter quattuordecim līberōrum."

Antike Darstellung der Gründungssage: Die Sklaven des Amulius
setzen den Korb mit den Zwillingen im Tiber aus.

Vokabeln (Lek.7 B)

1	**num**	: etwa	
	ēducāre	: großziehen, erziehen	E educate
	respondēre	: antworten	E respond
			F répondre
	pāstor, -ris m.	: Hirte	D Pastor
5	**nōmen, -inis n.**	: Name	E name Fnom
	casa	: Hütte, Haus	
	ubī	: 1. sobald (Konjunktion)	
		2. wo (Fragewort)	
	uxor, uxōris f.	: Ehefrau	
	mīrābundus,-a,-um: verwundert		
10	**vocāre**	: rufen	D Vokal
	māne	: morgens, am Morgen	
	cum	: als	
	saepe	: oft	
	cepi	: 1. Sg. Perfekt von *capere*	
15	**perturbāre**	: verwirren, bestürzen	
	crēdere	: glauben, vertrauen	F croire
	iubēre	: befehlen	
	herī	: gestern	F hier
	cōmiter	: freundlich	
20	**(sē) vertere**	: (sich) wenden, drehen	D Version
	deus	: Gott	F dieu
	servāre	: retten, bewahren	D Konserve F sauver
			E save
	apud (m. Acc.)	: bei	
	custōdīre	: behüten, bewachen	E custody
25	quattuordecim	: vierzehn	F quatorze

Stammformen

respondēre	**respondeō**	**respondī**	**respōnsus**
crēdere	**crēdō**	**crēdidī**	**crēditus**
iubēre	**iubeō**	**iussī**	**iussus**
vertere	**vertō**	**vertī**	**versus**

1   Unam fabularum, quae de <u>origine</u> urbis Romae narratae sunt,

2   Romani de Aeneam narraverunt, qui post <u>cladem</u> Troianorum

3   <u>patriam</u> reliquit.

4   Etiam Anchises, qui a filio suo <u>ductus</u> est, Troiam reliquit.

5   Postquam Troiani terram Africae viderunt, primum patriam novam

6   esse putaverunt. Itaque Aeneas <u>naves</u> ad litus Africae duxit.

7   Postquam Aeneas <u>reginam</u> Didonem vidit et statim amare incepit,

8   <u>nuntius</u> a deis <u>missus</u> est et statim terram relinquere et alia terra

9   magnam urbem condere <u>imperavit</u>. Aeneas <u>iussu</u> deorum <u>territus</u>

10   est, Africam et Didonem reliquit, in Italiam navigavit et tandem

11   Romam condidit.

12   Postquam urbs condita est, Aeneas Didonem <u>memoria</u> <u>semper</u>

13   <u>tenebat</u>.

Erläuterungen

Vorkommende Eigennamen:

Romani: die Römer / Aeneas / Troiani: die Trojaner
Anchises [Vater des Aeneas] / Troia / Dido, Didonis

Zeile 1:	*origo, originis,f.*:	der Ursprung
Zeile 2:	*cladis, cladis, f.*:	die Niederlage
Zeile 3:	*patria, patriae,f.*:	das Vaterland
Zeile 4:	*ducere, duco, duxi, ductus*:	führen
Zeile 6:	*navis, navis f.*:	Schiff
Zeile 7:	*regina*:	Königin
Zeile 8:	*nuntius*:	der Bote
	mittere, mitto, misi, missus:	schicken
Zeile 9:	*imperare*:	befehlen
	iussu (Ablativ):	(durch den) Befehl
	terrere, terreo, terrui, territus:	erschrecken
Zeile 12:	*memoria*:	Erinnerung, Gedächtnis
	semper:	immer
Zeile 13:	*tenebat*:	er/sie/es behielt

ZEITTAFEL ZUR RÖMISCHEN GESCHICHTE

vor Christi Geburt

753	'Gründung Roms'/Romulus & Remus	**7 KÖNIGE**
ca. 510	Ende der etruskischen Herrschaft	**REPUBLIK**
450	Zwölftafelgesetz	
366/367	Erster plebejischer Konsul	
272	Italien steht unter römischer Herrschaft	
264 - 164	Punische Kriege	
212	Sizilien wird erste römische Provinz	
148	Eroberung Makedoniens	
133 - 122	Reformversuche der Gracchen	**Späte**
107/106	Marius errichtet Söldnerheer	**REPUBLIK**
89	Italien erhält römisches Bürgerrecht	
58 - 51	Caesar in Gallien	
49 - 46	Bürgerkrieg	
46	Ermordung Caesars	
31	Octavian besiegt Antonius	**PRINZIPAT**
27	Octavian wird zum "Augustus"	**KAISERZEIT**

9	Varusschlacht	
212	Römisches Bürgerrecht für die Bewohner des gesamten römischen Reiches	
330	Konstantinopel wird Hauptstadt des byzantinischen Reiches	
391	Christentum wird Staatsreligion	**REICHS -**
395	Teilung in ost- und weströmisches Reich	**TEILUNG**
410	Plünderung Roms durch die Westgoten	**VÖLKER-WANDERUNG**
476	Absetzung des letzten weströmischen Kaisers	**ENDE WESTROMS**
1453	Konstantinopel wird durch Osmanen erobert	**ENDE OSTROMS**

nach Christi Geburt

Lectio octava

1   Ante diem XVI Kalendās Aprīlēs Marcō diēs gravis est. Quod paucīs mēnsibus ante septimum decimum annum complēvit, hodiē togam praetextam dēpōnere et togam virīlem induere Marcō licet.
Hoc vestīmentum est sīgnum adulēscentiae.

5   **Postquam** Marcus prīmā lūce ā patre vocātus est, statim ē cubiculō venit.
            Marcus prīmā lūce ā patre vocātus   statim ē cubiculō venit.

    Quamquam   ab omnibus cōmiter salūtātus est,   ipse tacet.
                 Ab omnibus cōmiter salūtātus   ipse tacet.

    Nam hunc diem gravissimum esse nōn īgnōrat:
10   Nunc tempus lūdī fīnītum est et nunc Marcō iūra et officia cīvis Rōmānī sunt, nunc condiciōnem vītae sequī potest, nunc etiam virginem in mātrimōnium dūcere potest.

    Quod   Marcus ā magistrō suō saepe pūnītus est, ...
            Marcus ā magistrō suō saepe pūnītus...

15   tempus lūdī nunc fīnītum esse valdē gaudet.

    Post ientāculum familia Marcum circumdat, quī prope patrem stat.
Magnā cum dīgnitāte et gravibus cum verbīs pater fīliō togam virīlem inicit.
Posteā diem fēstum etiam in pūblicō agunt; familia Marcum ad Capi-
20 tōlium dēdūcit; inde longa pompa forum Rōmānum petit.
Ibi anus placentam mellītam et vīnum vendunt...

Vokabeln (Lek.8)

1	ante d. XVI Kal. Apr.	: der 16. Tag vor dem 1. April → 17. März	
	ante (m. Acc.)	: vor; (nachgestellt:) vorher	E ante-
	diēs, diēī m.	: Tag	
	gravis, gravis, grave	: bedeutsam, schwer	E F grave
5	**paucī, -ae, -a**	: wenige	E paucity F peu
	mēnsis, mēnsis m.	: Monat	
	septimus decimus	: der siebzehnte	
	annus	: Jahr	E annual F an
	complēre	: anfüllen	E complete
10	**toga**	: Toga	
	toga praetexta	: Kindertoga	
	toga virīlis	: Männertoga	
	induere	: anziehen	E endue
	licet, licuit (m. Dat.)	: es ist (jemandem) erlaubt	D Lizenz E license
15	vestīmentum	: Kleidung	E vestment
	adulēscentia	: (frühes) Erwachsenenalter	E adult F adulte
	prīmā lūce	: früh morgens	
	ipse, ipsa, ipsum	: er selbst, gerade er	
	nōn īgnōrāre	: genau wissen	D E F ignorant
20	**tempus, temporis n.**	: Zeit	E time F temps
	iūs, iūris n.	: Recht	D Jura E jurist
	officium	: Pflicht	D offiziell
	cīvis, cīvis m.	: Bürger	E civic F citoyen
	Rōmānus	: römisch	
25	condiciōnem vītae sequi	: einen Beruf auswählen	
	condiciō, -iōnis f.	: Bedingung	D E F K/c-ondition
	virgō, virginis f.	: junge Frau	E virgin F vierge
	mātrimōnium	: Ehe	E matrimony
	magister, magistrī m.	: Lehrer	D Magister
30	**pūnīre**	: bestrafen	E punish F punir
	gaudēre	: freuen, sich freuen	D Gaudi
	ientāculum	: Frühstück	
	circumdare	: umgeben	
	prope (m. Acc.)	: nahe, nahe bei	F proche
35	**stāre**	: stehen	E stand
	dīgnitās, dīgnitātis f	: Würde	E dignity F dignité
	inicere	: hineinfügen; h: anlegen	D Injektion
	fēstus	: feierlich	D E F festival
	pūblicum, -ī n.	: Öffentlichkeit	D publik E F public
40	**agere**	: treiben, betreiben	D Aktion E F action
	Capitōlium	: Kapitol (Hügel Roms)	
	dēdūcere	: führen, geleiten	D E deduc/ktiv
	inde	: von dort	
	longus, -a, -um	: lang	E F long
45	pompa	: Festzug	D E pomp F pompeux
	anus, anūs f.	: alte Frau, Greisin	
	placenta mellīta	: Honigkuchen	F miel
	vendere	: verkaufen	E vend F vendre

Stammformen

complēre	**compleō**	**complēvī**	**complētus**
induere	induō	induī	indūtus
gaudēre	gaudeō	gāvīsus sum	--
circumdare	**circumdō**	**circumdedī**	**circumdatus**
stāre	**stō**	**stetī**	**status**
inicere	iniciō	iniēcī	iniectus
agere	**agō**	**ēgī**	**āctus**
dēdūcere	dēdūcō	dēdūxī	dēductus
vendere	vendō	vendidī	venditus

Übungen und Grammatik

PARTICIPIUM CONIUNCTUM

Das **participium coniunctum** (*verbundenes Partizip*) bezieht sich immer in KNG-Kongruenz auf irgendein Satzglied des Satzes. Es beschreibt das Verhältnis des Satzteils zum verbum finitum (Prädikat).
Ein participium coniunctum kann man zunächst einmal ganz **wörtlich** übersetzen:

*Marcus **a patre vocatus** statim venit.*
Marcus, vom Vater gerufen, kommt sofort.

Will man bei der Übersetzung dann aber deutlich machen, wie das Rufen des Vaters und das Kommen des Jungen zueinander in Beziehung stehen, dann muss man zwischen drei Möglichkeiten auswählen:

***Weil** der Vater ihn gerufen hat, kommt Marcus sofort.*	**Kausalsatz**
***Nachdem** der Vater ihn gerufen hat, kommt Marcus sofort.*	**Temporalsatz**

*Marcus **a patre vocatus** tamen non venit.*

***Obwohl** ihn der Vater gerufen hat, kommt Marcus nicht.*	**Konzessivsatz**

Welcher Sinnzusammenhang jeweils vorliegt, musst du bei der Übersetzung selbst feststellen!
Man kann diesen Satz auch mit einem **Relativsatz** übersetzen:

*Marcus, **der** vom Vater gerufen worden ist, kommt sofort.*

1. Übersetze die folgenden Beispielsätze:

1. wörtlich   2. mit Relativsatz   3. mit einem passenden konjunktionalen Nebensatz:

Ein Bube, der ihn liegen sah,
Ruft seinen Freund; gleich ist er da.

Nun fangen die zwei Tropfen
Am Fasse an zu klopfen.

A.   ***Puer ab amico vocatus statim venit.***

_____

_____

_____

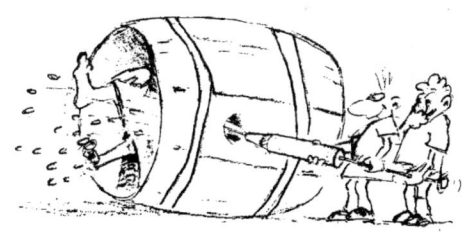

Diogenes schaut aus dem Fass
Und spricht: "Ei, ei, was soll denn das!?"

Der Bube mit der Mütze
Holt seine Wasserspritze.

B.   ***Pueri a Diogene moniti tamen nugantur*** (Unsinn machen;ihn ärgern).

_____

_____

_____

Sie gehn ans Fass und schieben es;
"Halt, halt!" schreit da Diogenes.

Zwei Nägel, die am Fasse stecken,
fassen die Buben bei den Röcken.

C.   ***Dolium a pueris motum illos prosternit*** (hier: überrollen).

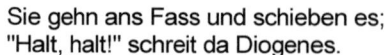

_____

_____

_____

2.   Übersetze die PC - Konstruktionen in folgenden Sätzen auf die Art,
die dir am meisten liegt. Sie muss aber logisch sein und Sinn ergeben!

Cibus ab amicis heri paratus omnibus bene sapivit.   parare: zubereiten

_____

Anates tres horas tostas edere possumus.   anates: Enten
torrere: braten

_____

Libri a multis hominibus lecti non semper optimi sunt.   semper: immer
optimus: bester

_____

Libri a multis hominibus lecti saepe optimi sunt.

_____

Haec exercitationes a vobis (non) libenter
factae vos in examine adiuvant.   exercitatio: Übung
facere: machen
examen: Prüfung

_____

Die Kleidung der Frauen

Die **tunica** war das Unterkleid der Frauen, ein wollenes Hemd, welches aus zwei Teilen zusammengenäht wurde. Eine Tunika hatte entweder Ärmel, die nur bis zur Armbeuge reichten, oder überhaupt keine.

Über der tunica trug eine Frau in Rom die **stola**, eine bis auf die Füße reichende Robe, die auf der Schulter mit einer Spange zusammengehalten wurde. Der untere Rand war mit Gold- oder Purpurbordüren (**instita**) versehen.

Und noch über tunica und stola wurde die **palla** getragen, die wie eine Art weiter Mantel den Körper bedeckte.

An den Füßen trugen die Frauen fast immer Sandalen.

Doch nicht alle Frauen kleideten sich gleichermaßen. Nur die Matronen, verheiratete Frauen aus der Oberschicht, waren in der Öffentlichkeit mit all diesen oben beschriebenen Kleidungsstücken zu sehen. Sie gingen in der Regel auch nicht ohne Kopfbedeckung aus.

> *"Matronas appellabant eas fere, quibus stolas habendi ius erat."* [1]
> (Festi epit p.125,15)

> *"muliebra sunt (vestimenta) quae matris familiae causa sunt comparata...veluti stolae, pallia, tunicae."* [2]
> (Ulpian, Dig.34,2;23,2)

Matrone mit stola und palla

Wie streng sich verheiratete Frauen an die 'Kleiderordnung' zu halten hatten, zeigt sich darin, dass ein gewisser C. Sulpicius Gallus seine Frau verstoßen haben soll, weil sie sich auf der Straße *aperto capite* gezeigt hatte.

Ebenso wurde vor dem Senat Strafantrag gegen eine Frau gestellt, weil sie sich in der Öffentlichkeit ohne stola hatte blicken lassen.

> *"Converte te ad feminas; habes spectare, quod Caecina Severus graviter senatui impressit, matronas sine stola in publico."* [3]   (Tertullian, de pall.4)

---

[1] Matronen nennt man diese, die das Recht haben, Stolen zu besitzen.
[2] Weibliche Kleidungsstücke sind die, welche für die Familienmutter gekauft worden sind ..wie Stolen, Mäntel und Tuniken.
[3] Dreh' dich um zu den Frauen: du kannst betrachten, was Caecina Severus dem Senat aufgebracht vor Augen geführt hat: FRAUEN OHNE STOLA IN DER ÖFFENTLICHKEIT!

Unverheiratete Mädchen, Sklavinnen oder freigelassene Frauen kleideten sich durchaus anders; Mädchen kleideten sich zumeist mit dem **tunicopallium**, welches zugleich Unterkleid und Umwurf in einem bildete und Schultern und Arme freiließ.

Mit der Kaiserzeit begann eine Lockerung dieser Kleidervorschriften für Frauen. Zunächst war das Tragen der palla in der Öffentlichkeit für Matronen nicht mehr obligatorisch, später noch entfiel auch die stola als vorgeschriebenes Kleidungsstück und die Frauen kleideten sich in kurz- oder langärmligen tunicae.

Mädchen in tunicopallium

Die Kleidung der Männer

Auch die Männer waren nicht mit Hemd und Hose bekleidet, sondern sie trugen als Unterkleid die tunica und als Oberkleid die **toga**.

Im privaten Bereich trug der Hausherr wie der Sklave nur die tunica, in der Öffentlichkeit jedoch zog der römische Bürger immer -zumindest zur Zeit der Republik- die toga an.

> *"toga-vestimentum, quo in foro amicimur."* [1]
> (Nonius p. 406, 15)

Für Sklaven, Verbannte und Fremde war es verboten, die toga zu tragen, denn sie galt als äußeres Zeichen für das römische Bürgerrecht.

> *"Carent enim togae iure, quibus aqua et igni interdictum est."*[2] (Plinius ep. 4,14,3)

Gegen Ende der römischen Republik lockerte sich auch diese Kleidungsvorschrift, auch römische Bürger erschienen in der Öffentlichkeit nur mit der tunica bekleidet -was sicherlich auch viel bequemer und angenehmer war.

Doch bei der *salutatio*, der morgendlichen Begrüßung der Abhängigen, bei den Spielen und bei allen amtlichen Geschäften war die toga immer obligatorisch.

Mann in einer toga

---

[1] Die Toga, das ist das Kleidungsstück, welches man auf dem Forum trägt.
[2] Die Geächteten haben nämlich zurecht keine Toga!

Die toga virilis

Ein besonderer Tag für einen jungen Mann war das Fest der *liberalia* (am 17. März eines jeden Jahres) nach Vollendung seines 17. Lebensjahres.

Die Liberalia waren in Rom das Saat- oder Fruchtbarkeitsfest, das zu Ehren des Gottes Bacchus begangen wurde. Bacchus wurde in Rom als Gott des Weines verehrt.

An diesem Tag konnte der junge Mann die Kindertoga ablegen und bekam die Männertoga.

Vor den *Laren* (Hausgötter) des Hauses legte er die *toga praetexta* ab und kleidete sich zum ersten Mal in einer *toga virilis* (auch toga pura o. toga libera); **virilis**, weil er nun als Mann und nicht mehr als Kind angesehen wurde; **pura**, weil die toga ganz weiß war und keinen Purpursaum wie die toga praetexta hatte; **libera**, weil der junge Mann nun freier römischer Bürger war.

Danach wurde im Haus den Göttern ein Opfer dargebracht und anschließend wurde der junge Mann vom Vater oder Vormund und der familia auf das Forum geführt, wo er sich auf dem Kapitol in die Bürgerlisten der Stadt Rom eintragen konnte.

> *"Quinto togam puram Liberalibus cogitabam dare. Mandavit enim pater.."*[1]
> (Cicero, ad Att. 6, 1, 12)

An diesem Tag waren die Straßen Roms von Menschen überfüllt und überall konnte man von Priesterinnen des Bacchus, efeubekränzten alten Frauen, heilige Kuchen kaufen, die der junge Mann dann am Altar des Bacchus opferte.

Die Feierlichkeiten endeten mit einem großen Gelage zu Hause, das sich zumeist bis tief in die Nacht hinzog.

Von diesem Tag an hatte der junge Mann vollständige rechtliche Handlungsfähigkeit.

Er durfte
- wählen.
- sich als Kandidat für ein Staatsamt zur Wahl stellen.
- über sein Vermögen verfügen.
- Kriegsdienst leisten (in republikanischer Zeit war der Kriegsdienst Pflicht).
- heiraten.

Er musste
- evtl. Schulden selbst bezahlen.
- sich um evtl. weiterführenden Unterricht oder Studien selbst bemühen.

---

[1] Ich erwägte Quintus die Toga pura an den Liberalien zu übergeben. Der Vater übergibt sie nämlich.
(Quintus war Ciceros Sohn)

LECTIO NONA

Durch die vielen Geschichten aus aller Welt, die Afras Vater erzählt hat, ist bei Marcus der Wunsch entstanden, für einige Jahre Rom zu verlassen und fremde Länder und Kulturen kennenzulernen. Der einfachste Weg scheint ihm zunächst, als Berufssoldat in einer weit entfernten Provinz des römischen Imperiums Kriegsdienst zu leisten.

1 Proximīs diēbus Marcus praefectūram petit, quod mīlitāre dēlīberat. Ad tentōrium centuriōnis venit, intrat, sed nēminem videt. Subitō 'Salvē' clāmātur et quīdam vir prōcērus appāret et Marcum aspicit. Marcus dīcit :

5 " Salvē! Marcus appellor, cīvis Rōmānus sum et nunc mīles fierī cupiō. Quid in exercitu agitur? Quamdiū mīlitātur? Quās in terrās mīlitēs mittuntur?"

10 Centuriō prīmum tacet et Marcum diū īnspicit, tum dēmum dīcit: "Imperium Rōmānum ingēns est; ita tōtō ferē in mundō mīlitāre potes. Nōs mīlitēs multās in terras

15 mittimur.

Sī cupis, in Āfricam mitteris, sī cupis, etiam in Calēdoniam mittī potes. In exercitū Rōmāno vīgintī annōs mīlitātur, mīlitibus nostrīs

20 puellam in mātrimōnium dūcere interdīcitur..."

Legionäre vor dem Kolosseum

Postquam haec verba audīvit, Marcus stupet. Vīgintī annōs? Puellam in mātrimōnium dūcere interdīcitur? Quamquam centuriō etiamnunc nārrat, Marcus audīre dēsistit. Posteā centuriōnī valēre

25 dīcit et domum properat. Nunc mīles fierī omnīnō nōn cupit.

Vokabeln (Lek.9)

1	praefectūra	: Kommandantur	D Präfekt E prefect F préfecture
	mīlitāre	: Kriegsdienst leisten, dienen	D E militant F militaire
	dēlīberāre	: erwägen, überlegen	E deliberate F délibérer
	tentōrium	: Zelt	E tent F tente
5	centuriō, -nis m.	: Zenturio	
	nēmō, nūllīus	: niemand, keiner	
	prōcērus	: hochgewachsen, groß	
	appārēre	: erscheinen	E appear F apparaître
	appellāre	: nennen, ansprechen	D Appell F appeler
10	**mīles, mīlitis m.**	: Soldat	
	fierī	: 1. werden 2. geschehen 3. gemacht werden	
	exercitus, -tūs m.	: Heer	E exercise F exercice
	quamdiū	: wie lange	
	mittere	: schicken	D E M/mission F mettre
15	īnspicere	: hineinschauen, mustern	D Inspektion E inspect
	ingēns,ingentis (Gen.):	riesig, gewaltig	D F ingenieur
	tōtus	: ganz	D E total F tout
	mundus	: Erde, Welt	D mondän F monde
	sī	: wenn	F si
20	Calēdonia	: Schottland	
	vīgintī	: zwanzig	F vingt
	noster, -tra, -trum	: unser(e)	F notre
	interdīcere	: verbieten	E interdict F interdire
	stupēre	: stutzen, verblüfft sein	D stupide E stupid
25	**etiamnunc**	: immer noch	
	dēsistere	: aufhören	E desist

Stammformen

appārēre	**appāreō**	**appāruī**	**appāritūrus**
fierī	**fīō**	**factus sum**	--
mittere	**mittō**	**mīsī**	**missus**
īnspicere	īnspiciō	īnspexī	īnspectus
interdīcere	**-dīcō**	**-dīxī**	**-dictus**
stupēre	stupeō	stupuī	--
dēsistere	**dēsistō**	**dēstitī**	**dēstitūrus**

Präsens Passiv / posse

Das Passiv im Perfekt hast du schon kennengelernt, natürlich gibt es auch in der Gegenwart ein Passiv. Trage alle Passivformen aus dem Text in folgende Tabelle ein, übersetze die Formen, trage dann gesondert die Passivendungen in die nächste Spalte und konjugiere dann das Wort *portare* im Präsens Passiv:

Person	Verben im Passiv aus dem Text	Übersetzung der Verben	Endung	*portare* im Präsens Passiv
1.Sg.				
2.Sg.				
3.Sg.				
1.Pl.				
2.Pl.				
3.Pl.				
Inf.				

Die Formen von *posse* **im Präsens:**

1.Sg.	**pos-sum**
2.Sg.	**pot-es**
3.Sg.	**pot-est**
1.Pl.	**pos-sumus**
2.Pl.	**pot-estis**
3.Pl.	**pos-sunt**
Inf.	**posse**

Die Endungen des Präsens Passiv bitte lernen!

Bei den Formen von *posse* genügt es, wenn du die Bilderegeln erklären kannst.

1. Trage die Präsens Passiv-Formen in die Konjugationstabellen Seite 140 ein!

ACHTUNG!

In der deutschen Sprache ähneln sich die Formen für die Zukunft und für das Passiv:

	Wann?	**als Täter/Opfer?**
Marcus wird kommen	→ aber erst morgen!	→ <u>Er</u> handelt <u>aktiv</u>.
Marcus wird gerufen	→ das ist jetzt!	→ Er selber handelt dabei <u>nicht</u>, er ist <u>passiv</u>.
Marcus ist gerufen worden	→ das ist schon geschehen!	→ Er handelte <u>nicht</u>, er war <u>passiv</u>.

Die grammatischen Fachausdrücke erklären dies mit ganz kurzen Begriffen:

1. Marcus wird kommen. → **Aktiv Futur**
2. Marcus wird gerufen. → **Passiv Präsens**
3. Marcus ist gerufen worden. → **Passiv Perfekt**

ZUSATZTEXT

1 Nunc fere <u>primus</u> annus <u>ludi Latinae</u> finitus est; vos fabulam de

2 puero Romano legistis, qui Marcus appellatur.

3 Marcus in taberna puellam cognovit et <u>amore</u> captus est.

4 <u>Frustra</u> in villa patris, ubi festus celebratus est, et in thermis

5 amorem puellae <u>adipisci conatus</u> est. Demum in foro boario Afram

6 'amicam' appellare potuit.

7 Tum libenter in villa patris Afrae fuit, ubi amicae suae et patri eius

8 fabulas narravit. Etiam Marco saepe fabulae de colonia in Africa

9 sita narratae sunt.

10 Postquam Marcus togam virilem accepit, in alienas terras <u>migrare</u>

11 et alias gentes cognoscere cupivit.

12 Itaque militare deliberavit, sed iam paulo post aliter <u>censuit</u>.

13 Hic annus nunc fere finitus <u>paululum</u> vos <u>delectavit</u>?

14 Ego annum bonum fuisse puto.

Zeile 1:	*primus*:	erster
	ludus Latinae:	Lateinunterricht
Zeile 3:	*amor, amoris, m.*:	Liebe
Zeile 4:	*frustra*:	vergeblich
Zeile 5:	*adipisci conatus est*:	er hat versucht zu gewinnen
Zeile 10:	*migrare*:	wandern, auswandern
Zeile 12:	*censere, -eo -ui -sum*:	denken, meinen
Zeile 13:	*paululum*:	ein ganz klein wenig
	delectare:	Freude machen

Das römische Heer (*exercitus*)

Die Militärgeschichte ist eng mit der Entwicklung Roms von einem Stadtstaat zur damaligen Weltmacht verbunden. In der frühen und mittleren Republik führten die Römer nur in ihrer unmittelbaren Umgebung Kriege. Diese wurden geführt, um sich zu verteidigen oder um die Machtstellung innerhalb Italiens zu stabilisieren.

Zu jener Zeit waren alle Männer im Alter von 16 bis 47, die das römische Bürgerrecht hatten und darüber hinaus Land besaßen, zum Kriegsdienst verpflichtet. Sie bekamen nur eine kurze militärische Grundausbildung und bildeten das römische **Milizheer**, ein Heer, das nur im Kriegsfall aufgestellt wurde. Da in jener Zeit Rom noch ein Agrarstaat war, d.h. die Bauern die größte Bevölkerungsgruppe stellten, waren die Wehrpflichtigen zumeist Bauern, die für die Zeit eines Feldzuges ihr Land und Gut verließen.

Sie betrachteten die Erfüllung des Wehrdienstes als ihre Bürgerpflicht; denn die damaligen Kriege in der Umgebung von Rom wurden von den römischen Bürger als Existenzbedrohung empfunden.

Mit den punischen Kriegen seit 264 v.Chr. begann Rom, auch außerhalb Italiens Feldzüge zur Erweiterung seines Machtbereiches zu führen. Die wehrpflichtigen Bauern hatten immer größere Probleme, ihre Höfe und Ländereien zu bewirtschaften, da sie immer öfter und länger auf einem Kriegszug waren. Während dieser Zeit lag ihr Land brach. Auch die Einführung von Hilfstruppen, *auxilia*, die aus Nichtrömern gebildet wurden und angeworbene Spezialisten für eine bestimmte Kampftechnik waren (z.B. kretische Bogenschützen), konnte die Notlage der römischen Bauern nicht beheben.

So kam es in den Jahren 152/151 v.Chr. zu einem offenen Aufruhr bei der Rekrutierung der Wehrpflichtigen.

Erst im Jahr 104 v.Chr. gelang dem Feldherrn Marius (104-100 v.Chr.) eine Heeresreform. Er verwandelte das Milizheer in ein **Söldnerheer**, d.h. er warb Freiwillige an, die zumeist kein Land besaßen, und gewährte ihnen Sold und ein Stück Land nach Ablauf ihrer Dienstzeit. Aber auch bei dieser Heeresreform wurden die Söldner nur angeworben, wenn ein Feldzug anstand.

In der Kaiserzeit schließlich reformierte Kaiser Augustus (27 v.-14 n.Chr.) das Heer zu einem **Berufsheer**, d.h. Männer konnten sich für den Beruf des Soldaten entscheiden. Sie wurden dann für 20-25 Jahre verpflichtet. Diese Soldaten wurden zumeist an den Grenzen des Reiches fest stationiert. Es war ihnen verboten, zu heiraten, solange sie als Soldaten ihren Dienst versahen. Kaiser Septimus Severus (193-211 n.Chr.) hob dieses Heiratsverbot schließlich auf, was oft zur Folge hatte, dass die Soldaten in der Gegend, in der sie stationiert waren, heirateten und sesshaft wurden.

Der Aufbau des römischen Heeres

Im römischen Heer gab es schwerbewaffnete, leichtbewaffnete und berittene Soldaten. Zur Zeit der Republik wurde das Heer folgendermaßen unterteilt:
Eine *legio* bestand aus insgesamt 3000 Schwerbewaffneten, 1200 Leichtbewaffneten und 300 Reitern. Die Schwerbewaffneten waren nochmals unterteilt in sog. *manipel*. Diese manipel wiederum bestanden aus zwei *centuriae*, die aus 30 oder 60 Soldaten gebildet wurden.

Hatte zu Beginn der Republik jeder Konsul die Befehlsgewalt, *imperium*, über eine Legion, so waren es später pro Konsul bereits zwei Legionen. Dazu kamen die Hilfstruppen, die in *ales* organisiert waren, aber die gleiche Anzahl Soldaten aufwiesen. D.h. dass jeder Konsul zwei Legionen à 4500 Mann und zwei Alen à 4500 Mann, also insgesamt 18 000 Soldaten befehligte.

Da die benötigte Zahl an Soldaten im Laufe der Jahre wuchs, führte Marius mit seiner Heeresreform eine neue erweiterte Aufteilung ein, die Kohorte:

1 Legion	=	-> 10 cohortes
1 Kohorte	=	-> 3 manipel
1 Manipel	=	-> 2 centuriae
1 centuria	=	-> 60 - 100 Mann

Eine Legion aus dieser Zeit konnte also bereits bis zu 6000 Mann umfassen. Ein Konsul aus jener Zeit der späten Republik hatte also mit dem Kommando über 2 Legionen und 2 Alen bis zu 24 000 Soldaten unter seiner Befehlsgewalt. Es gab unter dem Konsul noch weitere Offiziere, die für die Ausführung der Befehle sorgten: Quästoren, Legaten, Präfekte, Militärtribune und Zenturionen.

Wurfgeschoss einer Katapultmaschine

Legionärsalltag

Das Leben eines Legionärs wurde sowohl im Kampf als auch in Ruhezeiten von der militärischen Disziplin bestimmt.

Der Oberbefehlshaber konnte aufgrund seines *imperium*, seiner Befehlsgewalt, den Soldaten diese Disziplin abverlangen, die er zur Not durch Strafmaßnahmen aufrechterhielt. Er war damit der oberste Richter über seine Soldaten und konnte im Ernstfall sogar die Todesstrafe verhängen (*coercitio*).

In ihrem militärischen Alltag mussten die Legionäre exerzieren und marschieren, sie übten die Kampftechniken, wie das Fechten, bauten Lager und mussten Wache halten.

Während der langen Märsche durch das römische Reich mussten die allermeisten der Soldaten zu Fuß gehen und dabei ihre Rüstung, Proviant und Werkzeug tragen. Diese Last betrug ca. 40 kg. Machten die Soldaten abends Rast, mussten sie ihr

Helm und lorica eines Legionärs

Lager aufschlagen. Das bedeutete, dass sie aus Grasstücken einen Wall und aus Holzpfählen einen Zaun errichten mussten, bevor sie ihre Zelte aufbauen konnten. Beim Aufbau der Zelte musste eine bestimmte Ordnung gewahrt werden; so musste immer Platz gelassen werden für mindestens zwei 'Straßen', die das Lager wie ein Kreuz durchliefen.

Erst wenn das Lager stand, konnten die Legionäre ausruhen und essen; wer von den Legionären das Glück hatte, keine Wache halten zu müssen, konnte die gesamte Nacht hindurch schlafen.

Für den Kampf war ein Legionär mit dem Speer (*pilum*), dem Schwert (*gladius*) und einem Dolch (*pugio*) ausgestattet. Zu seinem Schutz trug er einen Schild (*scutum*), einen Brust- und Rückenpanzer (*lorica*) und einen Helm (*galea*).

LECTIO DECIMA

Vorkommende Eigennamen:

Poenī, Poenōrum : Punier / Graecia : Griechenland / Graecus : griechisch /
Gallia : Gallien / Germania : Germanien

---

1   Etiamnunc Marcus in terram aliēnam migrāre et gentēs aliās cognōscere cupit. Prīmum studiōrum causā Graeciam petere in animō habet. Sed studiis itinerīque Marcō pecūnia opus est. Quod pecūnia
itinerī attinet, quīdam amīcus ei cōnsilium dat:

5   "Sī parvī iter facere cupis, tē adiuvāre possum. Ōstiae -is est portus
Rōmae- magnās nāvēs mercātōriās prōspectā! Operam tuam nāvis
praefectō offer!

Nāvibus mercārtōriīs in omnēs ferē prōvinciās Imperiī Rōmānī pervenīre potes.

10   **Nāvibus Poenōrum dēlētīs** Rōmānī tūtī in marī mediō iter facere
possunt. (Poenī enim hostēs ācrēs populī Rōmānī erant.)".

Sed etiamnunc Marcō pecūnia magistrīs Graecīs opus est. **Hōc
cōnsiliō captō** Marcus auxilium ā patre precibus petit. Sed pater sē
nōn dīvitiīs abundāre dīcit. **Pecūniā ā patre recūsātā** in Galliam vel

15   Germāniam migrāre et ibi artem lignāriī discere cōnstituit.

*Eingegrabene Amphoren zur kühleren Lagerung
von Lebensmitteln in Ostia*

Vokabeln (Lek.10)

1	aliēnus	: fremd	E alien
	migrāre	: wandern, auswandern	D Emigrant E migrate
	gēns, gentis f.	: Volk, Volksstamm, Sippe	F gens
	studium	: Studium	E study F étudier
5	causā (n. Gen.)	: wegen, um...willen	E F cause
	in animō habēre	: vorhaben, im Sinne haben	
	iter, itineris n.	: Weg, Marsch, Reise	E itinerary F itinéraire
	mihi opus est	: ich benötige, ich brauche	E opus
	quod...attinet	: was...betrifft	
10	cōnsilium	: 1. Ratschlag 2. Plan, Absicht	F conseil
	parvī	: (hier) billig	
	iter facere	: reisen, marschieren	E itinerate
	tē (Akk. v. tū)	: dich	F te
	Ōstiae	: in Ostia (Roms Hafen)	
15	portus, portūs m.	: Hafen	E F port
	nāvis, nāvis f.	: Schiff	D Navigation E navy
	mercātōrius	: Kaufmann-, kaufmännisch	D Merkantilismus
	prōspectāre	: Ausschau halten	D Prospekt
	opera	: Dienst, Bemühung	D Oper E F opera
20	nāvis praefectus	: Kapitän	E prefect
	prōvincia	: Provinz	E F province
	pervenīre	: gelangen	E pervious
	dēlēre	: zerstören	E delete
	tūtus	: sicher, geschützt	D Tutor E tutelary
25	medius, -a, -um	: mittlerer, Mittel-	D Medien E medium
	hostis, hostis m./f.	: Feind	E hostile
	ācer, ācris, ācre	: scharf, bitter, erbittert	E acerbity F ācre
	populus	: Volk	D populär E popular F peuple/populaire
	auxilium	: Hilfe	E auxiliary F auxiliaire
30	precibus petere	: höflich um etwas bitten	
	dīvitiae, dīvitiārum f.	: Reichtum	
	abundāre (m. Abl.)	: Überfluss haben an	E abundant F abondance
	recūsāre	: ablehnen, verweigern	E recusant F récuser
	ars, artis f.	: Kunst, Handwerk	E F art
35	ars lignāriī	: Schreinerhandwerk	
	cōnstituere	: beschließen,aufstellen	D Konstitution F constituer

Stammformen

pervenīre	perveniō	pervēnī	perventus
cōnstituere	cōnstituō	cōnstituī	cōnstitūtus

ABLATIVUS ABSOLUTUS

Wir haben in Lektion 4 den Ablativ als den Kasus kennengelernt, der die Umstände einer Handlung angibt. Mit dem Ablativ konnten die Römer die Begleitumstände, d.h. wann, weswegen, wo etc.. etwas passiert, ausdrücken:

Nocte Marcus domum properat. →   Nachts eilt Marcus nach Hause.

Wenn der Begleitumstand aber nicht nur aus einem Substantiv bestand, sondern darüber hinaus eine eigene Handlung beinhaltete, konnten die Römer dies sehr kurz und knapp ausdrücken, indem sie an das Substantiv im Ablativ ein Partizip -ebenso im Ablativ- anhängten. Diese grammatische Konstruktion nennt man:

ablativus absolutus. Als losgelöst, also *absolutus*, ist diese Konstruktion zu bezeichnen, da –anders als beim particium coniunctum (verbundenes Partizip)- das Nomen im Ablativ, auf das sich das Partizip bezieht, meist nicht in den Satz eingebettet ist.

Beispiel: 1. **Ludo finito** Marcus domum properat.
2. **Ludo finito** Marcus domum non properat.

ludus   →   Ablativ: ludo
finire → Partizip Perf. Pass. mask.: finitus   →   Ablativ: finito

Die Konstruktion des ablativus absolutus lässt allerdings offen, in welchem Sinnzusammenhang dieser Begleitumstand zum restlichen Satz steht. Wir finden also keinen Hinweis, wie die Information, dass die Schule beendet ist, mit der Information, dass Marcus nach Hause eilt, zusammenhängt. Es könnte nämlich sein, dass er nach Hause eilt, **weil** die Schule zu Ende ist (1) oder **nachdem** sie beendet ist (1) oder auch, dass er noch nicht nach Hause eilt, **obwohl** die Schule beendet ist (2).
Der Sinnzusammenhang ist also entweder

-   **temporal** (nachdem)
-   **kausal** (weil)
-   **konzessiv** (obwohl).

Wir müssen im Deutschen diesen Sinnzusammenhang deutlich machen und haben dazu folgende Möglichkeiten:

	UNTERORDNUNG	BEIORDNUNG	EINORDNUNG
Sinnzu-sammen-hang	Hauptsatz + **Nebensatz**	Hauptsatz + **Hauptsatz**	Präpositionaler Ausdruck
temporal	nachdem	und dann, und danach	nach
kausal	weil	und deshalb	wegen, aufgrund
konzessiv	obwohl	und trotzdem	trotz

An den folgenden Beispielen kannst du die Übersetzung des abl.abs. üben.

1.   Unterstreiche bitte zunächst den abl.abs.!
2.   Übersetze den Satz mit der Möglichkeit der Unterordnung!
3.   Übersetze den Satz mit der Möglichkeit der Beiordnung!
4.   Übersetze den Satz mit der Möglichkeit der Einordnung!

Beispiel: ***Rota inventa homines onerosa facilius transportare possunt.***

1.   <u>Rota inventa</u> homines onerosa facilius transportare possunt.
2.   **Weil** das Rad erfunden worden ist, können die Menschen schwere Lasten einfacher transportieren.
3.   Das Rad ist erfunden worden **und deshalb** können die Menschen schwere Lasten einfacher transportieren.
4.   **Aufgrund** der Erfindung des Rades können die Menschen schwere Lasten einfacher transportieren.

A.   ***Dentibus saepe non purgatis** agricola nunc graves dolores habet.*

_____

_____

_____

B. *Dente extracto agricola tamen non edere potest.*

_____

_____

_____

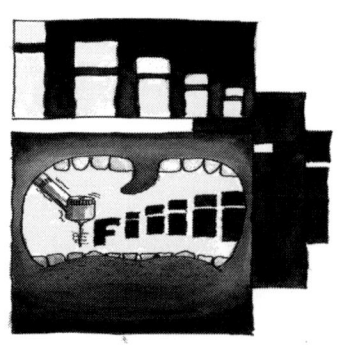 

C. *Curatione confecta agricola medicum solvit.*

_____

_____

_____

ÜBUNGSSÄTZE

1. Unterstreiche den ablativus absolutus und übersetze. (Achte auf einen logischen Sinnzusammenhang!)

1. **Toga virile accepta Marcus civis Romanus est.**
2. **Die festo finito Marcus somno se dat.** (se somno dare: schlafen gehen)
3. **Filio a familia salutato pater hunc diem gravissimum esse dicit.**
4. **Regibus expulsis Romani rem publicam condiderunt.**
5. **Pueris in corbula expositis Amulius tamen imperium suum confimare non potuit.**
6. **Litore Africae invento Aeneas hanc patriam novam esse putavit.**
7. **Corbula a lupa inventa Romulus postea Romam condere potuit.**

2. Die Handlung, die mit dem abl.abs. ausgedrückt wird, liegt zeitlich immer vor der Handlung, die durch das Prädikat beschrieben wird. Prüfe in deinen Übersetzungen nach, ob das auch im Deutschen zum Ausdruck kommt.

DIE RÖMISCHE REGIERUNG WÄHREND DER REPUBLIK

Das römische Reich hatte im Verlauf seiner Geschichte unterschiedliche Regierungsformen. Am Beginn stand eine Königsherrschaft, die ca. bis zum Jahr 500 v.Chr. währte. Abgelöst wurde sie von der *res publica Romana*, der römischen Republik. Die Republik wurde in ihrer Endphase nach ca. 100 Jahren politischer Wirren und Bürgerkriege (133-27 v.Chr.) vom Prinzipat[1] abgelöst. Das Prinzipat des Augustus bildete den Übergang zur römischen Kaiserzeit (14-395 n.Chr.).
Seit 395 n.Chr. war das Imperium Romanum zerteilt in das weströmische Reich, das bis 476 bestand, und das oströmische Reich, das 1453 zerfiel.

Die Regierungsform der res publica Romana bestand aus drei Säulen:
Volk, **Senat** und **Magistratur**.

1. Das Volk (*populus*) wählte die Staatsbeamten und stimmte über Gesetzesvorschläge ab. Allerdings waren nicht alle Menschen, die in der römischen Republik lebten, wahlberechtigt. Wählen durften nur freie Menschen,

---

[1] *Princeps* bedeutet ‚Anführer, Herrscher oder auch Kaiser', Prinzipat ist also im Gegensatz zur *res publica* die Staatsform, in welcher hauptsächlich ein Einzelner die Macht behauptet.

die das römische Bürgerrecht besaßen; Frauen, Sklaven oder Fremde durften nicht wählen.

2. Der Senat (*senatus*) bestand aus Angehörigen angesehener römischer Familien und ehemaligen Staatsbeamten. Die Zahl der Senatoren veränderte sich im Laufe der römischen Geschichte; sie lag zwischen 300 und 600 Senatoren.
Der Senat fasste Beschlüsse (*senatus consulta*), welche die leitenden Staatsbeamten ursprünglich beraten sollten, die aber nur selten missachtet wurden. Er musste in allen wichtigen Staatsangelegenheiten zu Rate gezogen werden; u.a. im Kriegsfall, bei Finanzfragen, in außenpolitischen Fragen, bei Staatsverträgen etc.

3. In den Volksversammlungen wurden die weiß (candidus) gekleideten Kandidaten für die Staatsämter gewählt. Alle Ämter zusammen bildeten den *magistratus*, die Magistratur. Der römischen Magistratur lagen zwei Prinzipien zugrunde: Jeder Amtsinhaber war immer nur für ein Jahr gewählt (**Annuität**) und teilte sich sein Amt mit mindestens einem Kollegen (**Kollegialität**). So gab es in der Republik 2 Konsuln, 2-6 Prätoren, mehrere Quästoren, 2-4 Ädile, 10 Volkstribune und 2 Zensoren. Die Amtsinhaber entstammten den angesehenen Familien Roms. Die Ämter der Ädile und Volkstribune waren 450 v.Chr. nach dem Ständekampf eingerichtet worden. Das Amt eines Zensoren wurde zumeist mit einem ehemaligen Konsul besetzt. So ergab sich für einen jungen Mann aus einer der angesehenen Familien eine bestimmte Abfolge der Ämter, der *cursus honorum*: nach dem Kriegsdienst konnte er zunächst die **Quästur**, dann die **Prätur** und eventuell danach das **Konsulat** anstreben. Zwischen diesen Ämtern mussten bestimmte zeitliche Abstände liegen. Diese Abstände füllte man aus, indem man eines der plebejischen Ämter einnahm, das eines Ädilen oder Volkstribunen.
Das Amt des Volkstribunen war mit besonderen Vollmachten versehen. Die Volkstribune konnten gegen die Verfügungen anderer Beamter einschreiten und ihr Veto einlegen.

Ein Beschluss, der von der römischen Regierung gefasst wurde, wurde immer mit dem Begriff *senatus populusque Romanus* (SPQR) verkündet:
'Es geschieht im Namen des Senats und des römischen Volkes'.

RES PUBLICA

SENAT *senatus*

300 - 600 Mitglieder:

die Chefs der Adelsfamilien
    patres conscripti

später auch
    Ex-Magistratsbeamte

Senatsbeschlüsse
    senatus consultum
ursprünglich beratend, dann verbindlich

Im 1. Jh. v. Chr. geht der Einfluss des Senats zurück
(→ Macht einzelner Senatoren)

10 VOLKSTRIBUNE
tribunus plebis

ius interdicendi
=   Recht, Amtshandlungen zu verhindern

ius contionis habendae
=   Recht, Volksversammlungen einzuberufen

ius legis ferendae
=   Recht, Gesetze einzubringen
     Recht, an Senatssitzugen teilzunehmen

MAGISTRATUR

-   Amtszeit: 1 Jahr
-   2 gleichberechtigte Amtsinhaber
    mit gegenseitigem Vetorecht
-   Ehrenämter

2	**Konsuln**	Mindestalter
	Leitung d.	43 Jahre
	Regierung	muss Praetor
	Heerführer	gewesen sein
2-6	**Praetoren**	Mindestalter
	Richter	40 Jahre
2	**Aedilen**	Mindestalter
	Tempel,	37 Jahre
	Markt, Un-	
	terhaltung	
	Quaestoren	Mindestalter
	Staatskasse	31 Jahre
		Voraussetzung
		für die höheren
		Ämter
2	**Zensoren**	ehemalige
	Steuer,	Konsuln
	Sitten und	(5 Jahre)
	Moral	

C
U
R
S
U
S

H
O
N
O
R
U
M

VOLKSVERSAMMLUNG
populus

- Wahl der Magistrate
- Verabschiedung von Gesetzen

durch VOLKSTRIBUN:
-Widerspruch gegen Maßnahmen der Verwaltung
 Mitglieder:
 freie römische Bürger (**civitas Romana**)

SPQR   senatus populusque Romanus

1 Hōc cōnsiliō captō Marcus amīcam Āfram vīsitat. In angulō tabernae sedent et dē rēbus futūrīs cōnsultant:

"In colōniā Rōmānā fabrum quaeram at-
5 que artem lignāriī discam. Posteā officī-
nam propriam aperiam. Sī omnia bene prōcedent, iterum Rōmam veniam atque nōs sollemniam nuptiārum celebrābimus. Sī cupiēs, tum in prōvinciā vīvēmus.
10 Sed nunc prīmum mē fabrum bonum in prōvinciā inventūrum esse spērō. Dum in prōvinciā vīvam tēque vidēre nōn poterō, tibi cottīdiē litterās mittam."

Prīmum Āfra trīstis tacet, quod Marcus
15 mox Rōmam relinquet et in longinquā prōvinciā labōrābit. Sed tum puellae verba Marcī in mentem veniunt: 'Nōs sollemniam nuptiārum celebrābimus!' Statim fēlīcitāte complēta est: "Bene! Dum tū sēdem novam nōbīs investīgābis, ego manēbō tēque exspectābō; deī nōs adiuvābunt".

20 Posteā patrī Āfrae cōnsilia sua nārrant; ille valdē gaudet dīcitque:

"Vōsne rē vērā sollemniam nuptiārum celebrābitis? Vōs beātam vītam agētis, certē sum."

Vokabeln (Lek.11)

1	**vīsitāre**	:	besuchen	D Visite E visit F visiter
	sedēre	:	sitzen	E sit
	futūrus	:	zukünftig	E F future
	consultāre	:	bereden, beratschlagen	D Konsultation E consult
5	**faber, fabrī** m.	:	Handwerker	D Fabrik E fabricate
	quaerere	:	suchen, fragen	
	officīna	:	Werkstatt	E office
	proprius	:	eigen, eigentümlich	E proprietary F propre
	aperīre	:	öffnen, eröffnen	F apéritif
10	**prōcēdere**	:	vorangehen, glücken	E proceed F procéder
	sollemnia nuptiārum	:	Hochzeit	E solemnity nuptia
	celebrāre	:	feiern	D zelebrieren E celebrate
	bonus	:	gut	D Bonus F bon
	spērāre	:	hoffen	F espérer
15	**cottīdiē**	:	täglich	F quotidien
	litterae, litterārum	:	Brief, Wissenschaft	D Literatur F lettre
	trīstis,	:	traurig	D trist F triste
	trīstis, trīste			
	longinquus	:	weit entfernt	
	mēns, mentis f.	:	Sinn, Gesinnung, Verstand	D E F mental
20	**fēlīcitās, -tātis f.**	:	Glück	E felicity F félicité
	sēdēs, sēdis f.	:	Sitz, Wohnsitz	D Residenz E seat
	manēre	:	bleiben	E remain F maintenir
	rē verā	:	tatsächlich	
	beātus	:	glücklich	E beauty F beau

Stammformen

sedēre	**sedeō**	**sēdī**	**sessus**
quaerere	**quaerō**	**quaesīvī**	**quaesītus**
aperīre	**aperiō**	**aperuī**	**apertus**
prōcēdere	**prōcēdō**	**prōcessī**	**prōcessus**
manēre	**maneō**	**mānsī**	**mānsus**

Futur 1

1. In den Tabellen stehen -getrennt nach Konjugationsgruppen- die Präsensstämme einiger Verba, die im Tempus Futur im Text vorkamen.
Suche diese Verba aus dem Text heraus und notiere die entsprechende Personalendung (PE) sowie das immer vor der Personalendung stehende Tempuskennzeichen (TK)!

A- UND E- KONJUGATION			
Person	Präsens-stamm	TK	PE
1. Sg.	mane-	b-	o
2. Sg.	investiga-		
3. Sg.	labora-		
1. Pl.	celebra-		
2. Pl.	celebra-		
3. Pl.	adiuva-		

I-/GEM./KONS. KONJUGATION			
Person	Präsens-stamm	TK	PE
1. Sg.	aperi-	a	m
2. Sg.	cupi-		
3. Sg.	relinqu-		
1. Pl.	viv-		
2. Pl.	ag-		
3. Pl.	proced-		
Inf.	quaest-		

2. Kannst du die Bilderegeln des Futurs erkennen? Formuliere sie!

Bei der a- und der e-Konjugation _____

_____

Bei allen anderen Konjugationen _____

_____

3. Konjugiere folgende Wörter im Futur:

Konjugationen

	- a -	- e -	- i -	konsonantische	gemischte
1.Sg.	labora-	mone-	veni-	mitt-	cupi-
2.Sg.	labora-	mone-	veni-	mitt-	cupi-
3.Sg.	labora-	mone-	veni-	mitt-	cupi-
1.Pl.	labora-	mone-	veni-	mitt-	cupi-
2.Pl.	labora-	mone-	veni-	mitt-	cupi-
3.Pl.	labora-	mone-	veni-	mitt-	cupi-
Inf.	laborat-	monit-	vent-	miss-	cupit-

4. Übertrage die Futur 1-Formen jetzt in die Konjugationstabellen auf Seite 139!

5. Übersetze die folgenden Verba!

amabo	amor	audies	audiris	ducitur
ducet	mittimur	mittemus	monebitis	monemini
capiuntur	capient			

Die Ehe in Rom

Formen der Eheschließung im antiken Rom

In Rom war es nicht allen Menschen erlaubt, eine rechtsgültige Ehe zu schließen. Dieses Recht (*conubium*) wurde z.B. den Sklaven gar nicht und den Freigelassenen erst ab 9 n.Chr. gewährt.

Wenn ein Paar heiraten wollte, standen ihm zwei unterschiedliche Arten der Ehe zur Auswahl. Diese Eheformen bedeuteten eine jeweils unterschiedliche Stellung der Frau in der Ehe.

Seit frühester Zeit stand die Frau in Rom unter einer Vormundschaft. In den meisten Fällen war ihr Vater ihr Vormund. Nur mit seiner Erlaubnis und in seinem Beisein war es ihr erlaubt, einen Vertrag zu unterzeichnen oder ein Geschäft abzuschließen. Diese Autorität des Vormunds nannte man *manus*. Wenn nun eine Frau heiratete, konnte sie eine Ehe <u>mit</u> manus (1) oder eine Ehe <u>ohne</u> manus (2) schließen.

1. Eine manus-Ehe bedeutete:

- Ihr Vormund ist fortan ihr Ehemann;
- ihr persönliches Vermögen untersteht nicht mehr ihrer ursprünglichen Familie, sondern ihrem Ehemann;
- sie besitzt bei dieser Eheform gewisse Ansprüche auf das Vermögen ihres Ehemannes.

Eine solche Ehe konnte auf dreierlei Weisen geschlossen werden:

1.a. nach Gewohnheitsrecht (*usus*): Wenn Mann und Frau länger als ein Jahr wie ein Ehepaar zusammengelebt hatten, galten sie als verheiratet. (Wollte einer der Partner eine solche manus-Ehe verhindern, lebte er mindestens drei Tage des Jahres nicht mit seinem Partner zusammen.)

1.b. die *coemptio*: Sie war das Relikt des Brautkaufs aus frühester Zeit. Dabei zahlte der Bräutigam unter Zeugen dem Vater/Vormund der Braut einen symbolischen Betrag.

1.c. die *confarreatio*: Sie wurde zumeist von Angehörigen der reichen Oberschicht als Heiratszeremonie gewählt, da sie recht aufwendig und damit kostspielig war. Bei ihr mussten zehn Zeugen und die zwei höchsten Priester Roms zugegen sein. Die Brautleute brachen als Opfer ein Brot aus Dinkel und saßen auf eng aneinander gestellten Stühlen zusammen.

Seit der späten Republik wurde die manus-Ehe immer unüblicher. An ihre Stelle trat die Ehe ohne manus.

2. Eine Ehe ohne manus bedeutete:

- Die Frau verblieb unter der Autorität ihres Vaters;
- ihr Vermögen gehörte weiterhin ihr bzw. ihrer ursprünglichen Familie;
- sie hatte größere Freiheiten; denn ihr Mann, in dessen Haus sie wohnte, hatte keine Gewalt/Autorität über sie.

Seit dieser Zeit wurde die Vormundschaft über die Frau immer lockerer gehandhabt, d.h. der Frau wurden zunehmend Selbstständigkeit und mehr Freiheiten zugebilligt.
Eine Eheschließung in damaliger Zeit fand nach bestimmten religiösen Vorschriften und Traditionen statt. Handelte es sich um eine manus-Ehe kamen die dafür notwendigen rituellen Handlungen -wie oben beschrieben- zu der üblichen Zeremonie am Hochzeitstag hinzu.

Der Hochzeitstag

Der Hochzeitstag begann für die Braut mit der Opferung ihres Kinderspielzeugs und ihre Kinderkleider am Altar der Hausgötter (*lares*). Danach wurde sie auf bestimmte Weise frisiert und angekleidet. Ihr Schleier, der ihre Haare aber nicht ihr Gesicht bedeckte, und ihre Schuhe waren orange, ihr Gewand weiß. Ein Kranz aus Majoranblüten wurde ihr auf den Kopf gesetzt.

Nach Ankunft der Hochzeitsgäste und -in einem reichen Haus- der Klienten, erschien der Bräutigam.

Die Braut war es, die sich dann dem Bräutigam als seine Ehefrau erklärte, indem sie sagte:

"Ubi tu Gaius, ego Gaia."

Danach reichten sich die Brautleute einander die Hände. Nachdem ein Ehevertrag unterzeichnet worden war und die Brautleute die Glückwünsche ent-

Hochzeitszeremonie: Die Brautleute reichen einander die Hände.

gegengenommen hatten, gab es ein üppiges Hochzeitsessen.

Am Abend wurde die Braut von ihrer Familie und Freunden zum Haus des Bräutigams geleitet. Es war Tradition, dass zwei Jungen die Braut an ihren Händen führten und ein dritter mit einer Fackel voranschritt. Im Haus des Ehemannes wurde die Braut schließlich von anderen Frauen in das Schlafzimmer geführt und ausgezogen. Erst danach durfte der Bräutigam das Schlafzimmer betreten und nun ließ man das Paar allein.

'Sklavenehe'

Obwohl den Sklaven eine rechtsgültige Ehe untersagt war, durften sie dennoch in einer Gemeinschaft mit einem Partner leben, wenn ihr Patron es erlaubte. Eine solche Beziehung nannte man *contuberium*. Die Kinder aus einer solchen 'Sklavenehe' galten als unehelich und blieben als solche in der Fürsorge ihrer Mutter. Sie gehörten somit zum Besitz des Herrn ihrer Mutter. Einem Sklavenbesitzer war es am liebsten, wenn sich innerhalb seiner eigenen Hausgemeinschaft Sklavenehen bildeten und daraus Kinder erwuchsen.

Die Verfügungsgewalt eines Patrons über seine Sklaven wurde durch ein contubernium nicht geschmälert. Wenn er wollte, konnte er seine Sklaven verkaufen. Das bedeutete für die Betroffenen, dass sie eine Ehe führen mussten, bei der sie voneinander getrennt lebten. Viele Grabsteine geben uns heute noch darüber Auskunft, dass solche 'Sklavenehen' dennoch weitergeführt wurden.

LECTIO DUODECIMA

Einige Wochen später befindet sich Marcus auf einem Schiff in Richtung Gallien mit dem Zielhafen Massilia (das heutige Marseille). Um kostenlos zu reisen, hilft Marcus in der Kombüse aus. Der Schiffskoch ist ein alter Mann, der -wie es scheint- schon die ganze Welt gesehen hat und sehr spannende Geschichten erzählen kann.
Eines Tages behauptet er, er habe den Ausbruch des Vesuvs miterlebt und erzählt:

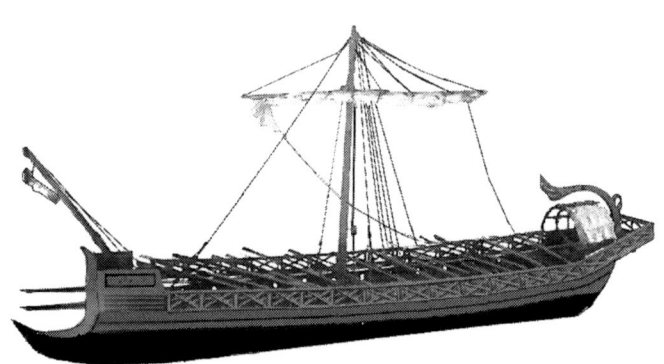

Römisches Kriegsschiff

1   "Per multōs diēs tremorem terrae audiēbāmus. Illā nocte autem valdē invāluit; ita omnia nōn movērī, sed vertī putābāmus. Proximō diē mare recēdere et tremōre terrae quasi repellī vidēbāmus. Prōcēdēbat lītus multaque animālia maris siccīs harēnīs retinēbat.

5   Tum nox erat; non erat nox illūnis aut nebula; in locīs clausīs lūmine exstīnctō esse putābam. Audiēbam ululātum feminarum, infantium quirītātūs, clāmōrēs virōrum.

Tandem illa cālīgō tamquam in fūmum nebulamve discessit; mox diēs vērus erat, etiam sōl   -nōn quidem clārus sed tamen lūridus-

10   refulsit.

Timidīs etiamnunc oculīs omnia mutāta esse altōque cinere tamquam nive obducta esse vidēbāmus. Hunc diem semper in memoriā tenēbō."

Vokabeln (Lek.12)

1	**per (m. Acc.)**	: durch, über..hinweg	
	tremor, tremōris m.	: Beben, Zittern	E tremor
	nox, noctis f.	: Nacht	E nocturnal F nuit
	invālēscere	: stärker werden	D Konvaleszenz
5	**movēre**	: bewegen	E move F mouvoir
	quasi	: gleichsam wie	D E quasi
	repellere	: zurückstoßen, wegdrängen	E repel F repousser
	animal, animālis n.	: Tier	D animalisch
	siccus	: trocken	F sec
10	**retinēre**	: zurückhalten	E retain F retenir
	illūnis	: mondlos	
	aut	: oder	F ou
	nebula	: Nebel	E nebula
	locus	: Ort	D Lokal E F local
15	**claudere**	: schließen, verschließen	D Klausur E close
	lūmen, lūminis n.	: Licht	F lumière
	exstinguere	: auslöschen	E extinguish
	ululātus, -ūs m.	: Geheul, Geschrei	E ululate F hululer
	quirītātus, -ūs m.	: Hilferuf	
20	cālīgō	: Finsternis	
	fūmus	: Rauch, Dunst	F fumer
	-ve (angehängt)	: oder, oder auch	
	discēdere	: weggehen, verschwinden	
	vērus	: wahr, wahrhaftig, echt	F vrai
25	sōl, sōlis m.	: Sonne	D E solar F soleil
	nōn quidem..sed tamen	: zwar nicht...aber doch	
	lūridus	: fahl	E lurid
	refulgēre	: erstrahlen	E refulgant
	timidus	: ängstlich	E timid F timide
30	**oculus**	: Auge	D Okular F oeil
	mutāre	: ändern, verändern	D Mutation F muter
	cinis, cineris m.	: Asche	E cinder F cendre
	nix, nivis f.	: Schnee	F neige
	obdūcere	: bedecken	
35	**semper**	: immer	
	in memoriā tenēre	: in Erinnerung behalten	E memory F mémoire

Stammformen

invālēscere	invālēscō	invāluī	--
movēre	**moveō**	**mōvī**	**mōtus**
repellere	**repellō**	**repulī**	**repulsus**
retinēre	**retineō**	**retinuī**	**retentus**
claudere	**claudō**	**clausī**	**clausus**
exstinguere	exstinguō	exstīnxī	exstīnctus
discēdere	**discēdō**	**discessī**	**discessus**
refulgēre	refulgeō	refulsī	--
obdūcere	obdūcō	obdūxī	obductus
tenēre	**teneō**	**tenuī**	**tentus**

Imperfekt

1. Die Formen des Imperfekts werden in allen Konjugationen mit dem Tempuskennzeichen **-ba-** gebildet, an welches die jeweiligen Personalendungen angehängt werden.
   Auch wenn nur drei Personen des Imperfekts im Text zu finden sind, müsstest du die folgende Tabelle vervollständigen können.

   Einige Formen aus dem Text stehen schon in der Tabelle:

Konjugationen

	- a -	- e -	- i -	Konsonantische	gemischte
1.Sg.	puta-**ba**-m	vide-	audi-e-	procede-	cupi-e-
2.Sg.	puta-	vide-	audi-e-	procede-	cupi-e-
3.Sg.	puta-	vide-	audi-e-	procede-**ba**-t	cupi-e-
1.Pl.	puta-	vide-**ba**-mus	audi-e-**ba**-mus	procede-	cupi-e-
2.Pl.	puta-	vide-	audi-e-	procede-	cupi-e-
3.Pl.	puta-	vide-	audi-e-	procede-	cupi-e-

Die Formen von *esse* im Imperfekt:

1.Sg.	eram
2.Sg.	eras
3.Sg.	erat
1.Pl.	eramus
2.Pl.	eratis
3.Pl.	erant

Bilderegeln einprägen !!

2. Die Formen des Imperfektes und von *esse* bitte in die Konjugationstabellen auf Seite 139 bzw. 143 eintragen!

Am 24. August 79 n.Chr. ereignete sich in der Bucht von Neapel eine Naturkatastrophe. Nachdem am 5. Februar 62 schon ein Erdbeben die Stadt Pompei stark zerstört hatte, brach 17 Jahre später der Vesuv aus und verschüttete die gesamte Stadt.
Der Schriftsteller Plinius d.J. war Augenzeuge und berichtet:

> "Am 24. August, etwa um 1 Uhr mittags, zeigte meine Mutter meinem Onkel eine seltsam geformte Wolke. Wir konnten nicht ausmachen, von welchem Berg sie kam, sahen aber später, dass es der Vesuv war.
> Die Wolke stieg auf und nahm beinahe die Form einer Pinie an, denn sie schoss wie ein langer Stamm hoch hinauf und breitete sich dann oben zu einer Krone aus."

Pompei wurde von einer bis zu sechs Meter hohen Lava- und Asche-schicht bedeckt. Die Bewohner der Stadt, die offenbar vom Vulkanausbruch völlig überrascht worden sind, konnten den Flammen oder den giftigen Gasen nicht entkommen.

Nach dieser Katastrophe wurde dieser Ort nie wieder besiedelt. 1860 begann man die verschüttete Stadt wieder auszugraben.
Heute gibt uns Pompei ein bedeutendes archäologisches Zeugnis über antike Stadtplanung, Bauweise, Alltagsleben, Malerei und Kultur. Denn die Lava des Vulkans hat die Straßen, Häuser, Kunst- und Haushaltsgegenstände nahezu unversehrt über die Jahr-

Haus der Vettier in Pompei

hunderte konserviert. Einzigartig sind sicherlich die Malereien, die in vielen Häusern der ausgegrabenen Stadt zu bewundern sind.

LECTIO TERTIA DECIMA

1 Massiliae Marcus tabernam nautārum intrat, vīnum cupit. Trēs virī ad mēnsam proximam sedent lūduntque.

5 Subitō duo Gallī tabernam intrant et caupōnem sorbitiōnem piscāriam parāre iubent, quam sēcum domum auferre volunt.

10 Tum Gallus parvus lac caprīnum petit, Gallus crassus autem aprum edere vult. Caupō stupet, Gallōs spectat, eōs cognōscit.

15 Gallīs cognitīs caupō omnibus magnō cum gaudiō pōtiōnem grātis offert:

> "Sunt Gallī ē vīcō parvō, quī Rōmānīs resistere adhūc nōn dēsistunt. Nunc tōtam per Galliam iter faciunt et dēliciās omnium oppidōrum Galliae colligunt.

20 > Ita Rōmānīs sē vincī nōn posse dēmōnstrant."

Hīs verbīs dictīs subitō cōpiae Rōmānōrum appropinquant; duo Gallī valēre dīcunt atque abeunt.

Nunc Marcus incolās Massiliae Rōmānōs retinēre videt.

Timōre captus quam celerrimē locō cēdere cōnstituit.

Vokabeln (Lek.13)

1	Massiliae	: in Massilia (heutiges Marseille)	
	nauta m.!	: Seemann, Seefahrer	D Nautik E nautical
	Gallus	: Gallier, gallisch	F Gaulois
	caupō, -ōnis m.	: Wirt	
5	sorbitiō piscāria	: Fischsuppe	
	parāre	: (zu)bereiten, besorgen	E prepare F préparer
	sēcum	: mit sich	
	auferre	: wegtragen, -bringen	
	lac caprīnum	: Ziegenmilch	D Kapriolen E caper F lait
10	**crassus**	: dick, fett	D krass E crass
	aper, aprī m.	: Wildschwein	
	gaudium	: Freude, Spaß	
	pōtiō, pōtiōnis f.	: Trank, Getränk	E potion
	grātis	: umsonst, gratis	E F gratis
15	vīcus	: Dorf	E vicinity
	resistere	: sich widersetzen, Widerstand leisten	D resistent E resist F résister
	adhūc	: bis jetzt, immer noch	
	Gallia	: Gallien	F Gaule
	dēliciae, dēliciārum	: Delikatessen	E delicious F délicatesse
20	**oppidum**	: (Land-)Stadt	
	colligere	: sammeln	D Kollektion E F collect/er
	vincere	: siegen, besiegen	E victory
	dēmōnstrāre	: zeigen, beweisen	D demonstrieren E F demonstration
	cōpia	: Sg.: Menge; Pl.: Truppen, Vorräte	E copious
25	**abīre**	: weggehen	
	timor, timōris m.	: Angst	E timidity
	quam celerrimē	: möglichst schnell	
	cēdere	: gehen, weichen	F céder

Stammformen

auferre	**auferō**	**abstulī**	**ablātus**
resistere	**resistō**	**restitī**	**--**
colligere	**colligō**	**collēgī**	**collēctus**
vincere	**vincō**	**vīcī**	**victus**
abīre	**abeō**	**abiī**	**abitus**
cēdere	**cēdō**	**cessī**	**cessus**

Römische Frau, die eine Mahlzeit zu sich nimmt. Hier ist zu sehen,
wie die Römer halbliegend ihre Speisen zu sich nahmen.

I. Die verschiedenen Mahlzeiten

Die Römer nahmen täglich mindestens drei Mahlzeiten zu sich, manchmal aber
auch vier oder sogar fünf:

1. ***ientaculum* o. *silatum*** (Frühstück)
2. ***prandium*** (Mittagessen)
3. ***merenda*** (Nachmittagsmahl)
4. ***cena*** (Abendessen)
5. ***comissatio*** (Nachtmahl)

zu 1. ***ientaculum***
Zum Frühstück gab es Brot, entweder trocken oder in Wein getaucht oder mit
etwas Käse und Obst. Einige Römer tranken morgens ein Schlückchen Wein
und nahmen eine Frucht (***silum***) zu sich. Das Frühstück war jedenfalls sehr bescheiden und die familia versammelte sich dazu nicht im triclinium.

zu 2. ***prandium***
Auch das prandium war eine schlichte Mahlzeit, die man zur sechsten Stunde,
d.h. um 12:00 Uhr zu sich nahm. Üblich war eine kalte, leichte Mahlzeit, zumeist
waren dies Früchte. Man nahm diese Mahlzeit häufig im Stehen zu sich.

zu 3. *merenda*

Dieser Nachmittagsimbiss war eher die Ausnahme. Da aber bereits morgens und mittags die Speisen recht schlicht waren, benötigten z.B. körperlich Arbeitende diese Zwischenmahlzeit.

Auch heute heißt in Italien das Mittagessen *pranzo*, das Abendessen *cena* und der Imbiss dazwischen *merenda*.

zu 4. *cena*

Die cena war die Hauptmahlzeit der Römer. Gegen die neunte oder zehnte Stunde, also gegen 15:00/16:00 Uhr versammelte man sich im triclinium, um im Kreise der familia und häufig noch mit weiteren Gästen üppig und ausgedehnt zu speisen. Die cena diente nicht nur dazu, den Hunger zu stillen, sondern bot auch der familia die Möglichkeit langer Gespräche.

zu 5. *comissatio*

Sie war die Speise, die während der Trinkgelage in der Nacht gereicht wurde. Die comissatio bezeichnet allerdings mehr das Trinken als das Essen.

II. Die Speisen

Geschirr und Besteck eines römischen Hauses

Die cena, das übliche Abendessen, hatte gewöhnlich drei Gänge, konnte sich aber auch auf bis zu sechs Gänge erstrecken. Der erste Gang diente dazu, den Appetit anzuregen: Zu diesem Zweck wurden Eier oder Salate, Oliven und Feigen aufgetragen. Dieser erste Gang hieß **gustatio** oder auch **antecoena**.

Der zweite Gang war das Hauptgericht, **prima mensa.** Serviert wurden Ragouts und Braten aller Art.

Die Nachspeise, **secunda mensa** bestand aus Obst, Gebäck und Süßspeisen. Man bezeichnete sie als **bellaria**.

Unser heutiges Wissen über die römische Küche verdanken wir hauptsächlich der Rezeptsammlung des M. Gavius Apicius, der im 1. Jh. nach Christi lebte. Seine Schrift 'Über die Kochkunst' ist vom ersten bis ins vierte Jahrhundert n. Chr. immer wieder von verschiedenen Autoren abgewandelt oder erweitert worden.

Bei der Zubereitung der Speisen sparten die Römer nicht an Kräutern und scharfen Gewürzen.

Als Ersatz für Salz benutzte man das *liquamen*, oder auch garum, das in großen Mengen in Manufakturen hergestellt wurde und mit unserer Worchestersauce vergleichbar ist. Es wurde folgendermaßen zubereitet:

"Man salze in einem Gefäß die Eingeweide von Fischen ein und füge dem alles mögliche kleine Fischzeug wie Sardinen, Meerbarben, Laxierfische und Seeschmetterlinge hinzu, die man ebenfalls salzt; dann lasse man das Ganze an der Sonne ziehen, wobei man es öfters umrühre. Ist es gut durchgefault... so treibe man alles durch ein Sieb... Die Masse, die im Sieb zurückbleibt, heißt **alec...** *die Flüssigkeit, die durchläuft ist das li-* **quamen.** *"* (Geoponica, XX ad fin.; vgl. Plinius der Ältere, N. H. XXXI, 43)

Die Römer bevorzugten süßsaure sowie scharfe Gerichte. Sogar süße Speisen wurden mit Pfeffer gewürzt:

"Entsteine Datteln und fülle sie mit Nüssen, Pinienkernen oder gemahlenem Pfeffer. Wälze sie in Salz, brate sie in aufgekochtem Honig und serviere." (Apicius, VIII, 11)

Fleischspeisen waren das Hauptgericht der römischen cena. Man aß Rind-, Ziegen-, Lamm-, Hammel- und Schweinefleisch. Ebenso wurde Wild wie Eber, Hase, Hirsch, Reh, Haselmaus und wilder Esel zubereitet. Besonders gern aßen die Römer gefüllte Fleischgerichte. Wie das folgende Rezept zeigt, waren die Speisen stark gewürzt, so dass der Eigengeschmack übertönt wurde.

*"Gefüllter Hase
Für die Füllung nimmt man ganze Pinienkerne, Mandeln, gehackte Nüsse oder Bucheckern, Pfefferkörner, Eingeweide des Hasen und aufgeschlagene Eier zum Binden. Man hülle den Hasen in Schweine-omentum (Bauchfell) und brät ihn im Backofen.
Dann macht man die folgende Sauce: Raute, reichlich Pfeffer, Zwiebeln, Bohnenkraut, Datteln, liquamen, caroenum oder Würzwein. Man lässt dies so lange kochen, bis es dick wird, und gießt es über den Hasen. In dieser liquamen-Pfeffer-Sauce lässt man den Hasen eine Weile ziehen."* (Apicius, VIII, 8)

Natürlich war in Rom auch Fisch fester Bestandteil des Speiseplans. Ärmere Familien mussten sich mit billigeren Kleinfischen zufrieden geben, die wohlhabenden Haushalte leisteten sich seltene Fischsorten wie Stör, Hecht, Goldbrasse, Meerbarben und Butte, die z.T. sogar importiert wurden oder in eigens angelegten Fischteichen gezüchtet wurden.

Fisch wurde immer mit einer Soße serviert. Apicius hat beinahe für jede Fisch-
sorte ein spezielles Saucenrezept parat.
Die Sauce für gekochte Makrele kannst du ja mal zu Hause ausprobieren:

> *"Nimm Pfeffer, Liebstöckel, frische Raute, Zwiebel, Honig, Essig, liquamen*
> *und etwas Öl. Wenn es kocht, binde mit amulum (Mehlstärke)."*

Die arme Bevölkerung hatte weder die Zeit noch das Geld für derartige Delikatessen und Gelage. Viele Leute aßen irgendetwas zwischendurch auf der Straße
oder kehrten in eine taberna ein. Die Wirte boten dort gebratene Fleischwürfel,
Bratwürste, Backfisch, Sardinen, Oliven, Süßwaren, Obst und Brotfladen an.

Selbst für Magenbeschwerden oder die Folgen eines nächtlichen Gelages kennt
Apicius eine helfende Rezeptur:

> *"Hacke Kümmel, soviel du mit fünf Fingern fassen kannst, vermische ihn mit halb*
> *soviel Pfeffer und einer geschälten Knoblauchzehe, gieße liquamen und ein we-*
> *nig Öl dazu. Diese Tunke lindert Magenschmerzen und fördert die Verdauung."*
> (Apicius, IX, 13)

III. Die Getränke

Wie im heutigen Rom trank man auch früher Wein oder Wasser. Es gab sog.
natürliche Weine sowie künstliche Weine, die entweder mit Honig versetzt, gewürzt oder aus Obst gewonnen waren. Der Preis der Tischweine war in Rom
sehr niedrig.
Den Honigwein, ***mulsum***, trank man häufig zur gustatio, also zum ersten Gang.
Im weiteren Verlauf der cena trank man je nach Geschmack gewürzten, natürli-
chen oder Obstwein. In der Regel trank man mäßig oder mischte den Wein mit

Wasser, um durch das Trinken nicht den Geschmack der Speisen zu verfälschen.
Im Winter mischte man den gewürzten Wein mit heißem Wasser; dies ist mit unserem Glühwein zu vergleichen.

Bekannt waren auch Getränke aus Weizen und Gerste; das **zythum**, **cervisia** und das **camum** waren eine Art Bier. **Cydonitium** war ein Quittengetränk, **Met** ein Getränk aus Wasser und gegorenem Honig. Doch es war in Rom eher die Ausnahme etwas anderes als Wein zu trinken.
In den Provinzen allerdings wurde wenig Wein getrunken, da in der Kaiserzeit der Weinanbau jenseits der Alpen verboten war. Denn man war in Rom darauf bedacht, die Weinproduktion auf Italien zu beschränken.
Der Wein wurde in tönernen Fässern gelagert, aus denen er dann in Amphoren abgefüllt wurde. Wenn ein Wein lange gelagert werden sollte, wurde er ebenso in Amphoren gefüllt.

IV. Die Tischsitten

Um die Tischsitten der Römer kennenzulernen, lassen wir Marcus von einem opulenten Mahl erzählen, zu dem er vom Vater eines Freundes, der Senator war, eingeladen war:

" *Der pater familias bat uns ins triclinium, nachdem wir uns im atrium der villa begrüßt hatten und dort einen köstlichen passum, das ist ein Rosinenwein, kosten durften.*
*Als ich im oberen Stockwerk des Hauses den Speiseraum betreten wollte, machte mich ein Sklave sehr höflich darauf aufmerksam, dass ich meine Straßensandalen doch nun ausziehen müsse, um die Essbetten nicht zu beschmutzen. Ja, er hielt sogar schon die zum Essen üblichen leichten Sandalen, die **soleae**, in passender Größe bereit. Mir war es leicht unangenehm, dass er es nicht zuließ, dass ich selbst mein Schuhwerk wechselte, sondern mich anwies, mich bequem auf ein Bänkchen niederzulassen. Er zog mir dann meine -wie ich jetzt erst bemerkte- doch stark verschmutzten Sandalen aus. Zu allem Überfluss benetzte er anschließend meine Füße und dann auch meine Hände mit Duftölen. Dann half er mir, in die soleae zu schlüpfen und schnürte sie sehr behutsam zu.*
*Als der Sklave mich dann noch aufforderte, ein wenig zu warten, verschwand und kurze Zeit später mit einer **synthesis** wieder auftauchte, wurde mir klar und es war mir peinlich, wie schlecht ich mich auf dieses Gastmahl vorbereitet hatte. Zu Hause essen wir zwar gewöhnlich in unserer tunica, aber mir ist es nicht unbekannt, dass man zu besonderen Anlässen nicht die gewöhnliche Kleidung trägt, sondern diese leichte toga.*
Daraufhin betrat ich ein triclinium, wie ich es prachtvoller niemals zuvor gesehen hatte; der Raum war riesig, verziert mit wunderschönen Wandmalereien und erfüllt von erlesenen Düften. Dieser Speiseraum bot nicht nur Platz für neun Gäste, wie es sonst üblich war, sondern um drei flache Tische gruppierten sich jeweils drei triclinia, auf die sich ja jeweils drei Personen lagern können.
Überall standen Sklaven bereit, um die ihnen anfallenden Dienste während der cena zu erfüllen. Einer von ihnen wies mir auf der linken Seite eines Speisebettes meinen Platz zu -glücklicherweise neben meinem Freund Lucius, neben ihm lag

Publius, der Sohn des Senators. Natürlich war der Tisch für uns Jugendliche am weitesten entfernt vom Tisch des Senators, um den sich die bedeutendsten Gäste scharten. Aber auch unsere Plätze waren nach alter römischer Sitte verteilt: Auf der rechten Seite der Gastgeber, in der Mitte und links die Gäste, wobei der wichtigere der Gäste in der Mitte liegt.
Doch damit waren die Vorbereitungen immer noch nicht abgeschlossen; die Sklaven parfümierten nun die Haare der Gäste mit Nardenöl, das der pater familias, reich wie er war, seinen Gästen zur Verfügung stellte.

Doppeltes Speisebett

Sodann wurden Blumenkränze verteilt, einige setzten sie sich auf den Kopf, ich tat es den anderen gleich und legte ihn mir um den Hals. Diese Kränze behält man bis zum Ende der Mahlzeit. Denn wir Römer beharren unbeirrt auf den Aberglauben, dass Kränze aus Efeu, Lilien, Veilchen, Rosen oder Rosenblättern vor Trunkenheit schützen.
Nun endlich brachten die Sklaven auf großen Silbertafeln die Speisen. Die gustatio bestand aus Eiern, Salat und Feigen. Die Sklaven, die ihren Dienst als Mundschenke verrichteten, flitzen zwischen den triclinia hin und her, stets darauf bedacht, niemals einen der Silberbecher leer vorzufinden.
Nach der Vorspeise kamen wieder andere Sklaven mit Tüchern und Schüsseln, die mit Wasser gefüllt waren, so dass die Gäste nun -faul und bequem- ohne aufzustehen ihre Finger waschen konnten.
Dann wurde eine gewaltige prima mensa hereingetragen: ein in Wein gekochtes Spanferkel mit einer köstlichen Kümmel-Pfeffer-Sauce!
*Der **structor** stellte die Gerichte in symmetrischer Ordnung auf den Tisch, der **scissor** teilte aus. Der Senator muss einen hervorragenden Koch gehabt haben; es war köstlich!*
Zu allem Überfluss saßen hinter den Essbetten junge Sklavinnen, die uns Gästen frische Luft zufächelten und mit einem Myrtenkranz die Fliegen verscheuchten.
Auch die abschließenden bellaria waren Köstlichkeiten, die ich nicht jeden Tag bekommen kann; afrikanische Süßweinbrötchen mit Honig übergossen und Pfeffer bestreut..."

LECTIO QUARTA DECIMA

1   Marcus nunc pedibus versus Lugdunum iter facit. Cum in itinere
     mercātōrem veterem cognoscat, illum socium sē adiungit. Cum
     mercātōrī omnēs ferē regiōnēs imperiī Rōmānī nōtae sint, Marcus il-
     lum sibi ūtilia dictūrum esse spērat. Mercātor Marcō dē Britannīs, dē
5   Gallīs atque etiam dē Germānīs nārrat:
         "Cum Rōmānī etiamnunc bellum cum Germānīs gerant, tamen
     nōs ad rīpam Rhēnī optima negōtia gerere possumus. Ibi mercēs
     vendere potes Gallīs et Germānīs et scīlicet incolīs colōniae Rō-
     mānae.
10   Cum in colōniīs permultī mīlitēs, sed perpaucī fabrī vītam agant,
     opera et mercēs fabrōrum ab omnibus concupīscuntur.
         Nunc audī! Pete Colōniam Ulpiam Trāiānam, quae proximō annō
     condita est. Cum perpaucae nāvēs portum huius colōniae petant,
     tamen tibi suādeō, ut nāve ūtāris; nam per prōvinciās iter facere
15   perīculōsum est."
     Cum Marcus et mercātor nōnnūllīs diēbus post ad urbem Lugdūnum
     perveniant, valēre dīcunt et alter alterum iter flectit. Nam intereā
     Marcus sēdem in Colōnia Ulpia Trāiāna collocāre cōnstituit.
         Ita nunc versus Basilīam migrat, cum illinc nāve ad Colōniam Ulpiam
20   Trāiānam pervenīre possit.

Römische Straße

Vokabeln (Lek.14)

1	**pēs, pedis m.**	: Fuß	D E Pedal F pied
	versus	: nach...hin, in Richtung	E versus F vers
	Lugdūnum	: Lugdunum, (das heutige Lyon)	
	cum (m. Konj.)	: 1. als, nachdem	
		2. weil 3. obwohl	
5	**in itinere**	: unterwegs	E itinerant
	mercātor, -tōris m.	: Kaufmann	E merchant F commercant
	vetus, veteris	: alt	F vieux
	adiungere	: anfügen, anschließen	E adjunct F ajouter
	regiō, regiōnis f.	: Gegend, Region	E region F région
10	**ūtilis, ūtilis, ūtile**	: nützlich, brauchbar	D Utensilien E usual
	Britannī	: Britanner	E Great Britain
	Germānī	: Germanen	E German
	bellum	: Krieg	E belligerent
	gerere	: führen, betreiben	D Geste, gestikulieren
15	Rhēnus	: Rhein	
	optimus	: der beste	D optimal E F optimum
	negōtium	: Tätigkeit, Geschäft	E negotiation
	merx, mercis f.	: Ware	E mercenary
	scīlicet	: natürlich	
20	**permultī**	: sehr viele	D multiplizieren
	perpaucī	: sehr wenige	E paucity
	concupīscere	: heiß begehren	F concupiscence
	Colōnia Ulpia Trāiāna	: heutiges Xanten	
	suādēre	: (an)raten, empfehlen	E persuade
25	**ut (m. Konj.)**	: dass	
	ūtī (m. Abl.)	: benutzen, gebrauchen	D Usus E use F utiliser
	perīculōsus	: gefährlich	
	nōnnūllī	: einige	
	intereā	: inzwischen	F entre-temps
30	**collocāre**	: einrichten, aufstellen	E collocation
	Basilīa	: Basilia (das heutige Basel)	F basilique
	illinc	: von dort	

Stammformen

adiungere	**adiungō**	**adiūnxī**	**adiūnctus**
gerere	**gerō**	**gessī**	**gestus**
concupīscere	concupīscō	concupīvī	concupītus
ūtī	**ūtor**	**ūsus sum**	--
suādēre	**suādeō**	**suāsī**	**suāsus**

Konjunktiv Präsens

Im Text taucht zum erstenmal der *Konjunktiv* auf. Im Deutschen verwenden wir den Konjunktiv
1. in der indirekten Rede
2. um etwas Irreales (etwas, das nicht tatsächlich passiert ist und das man sich nur vorstellt) auszudrücken oder
3. um in Wunschsätzen einen noch erfüllbaren oder einen unerfüllbar gedachten Wunsch zu äußern.

Beispiele:
zu 1. Der Kaufmann sagt, in Xanten habe man als Handwerker gute Berufsaussichten.
zu 2. Wenn Marcus zum Militär gegangen wäre, hätte er zwanzig Jahre dienen müssen.
zu 3. Wenn er doch endlich in Xanten ankäme!
Wären doch damals Afras Freundinnen nicht in die Thermen gekommen!

Der Indikativ dagegen beschreibt Tatsachen.

In der lateinischen Sprache erfüllen die **Modi** Konjunktiv und Indikativ ungefähr die gleichen Funktionen. Allerdings wird in einigen Fällen der lateinische Konjunktiv in der Übersetzung mit dem Indikativ wiedergegeben; z.B. bei *cum*-Sätzen wird der lateinische Konjunktiv mit dem deutschen Indikativ übersetzt.

> 'Cum...mercatorem..cognoscat, socium se adiungit.'
> **Als er einen Kaufmann kennenlernt, schließt er sich ihm als Weggefährte an.**

'kennenlernt' ist Indikativ, er lernt ihn ja wirklich kennen.

Die **Bilderegeln** des Konjunktiv Präsens sind leicht zu merken:

> Das Kennzeichen des Konjunktiv Präsens ist ein -**a**- vor der Personalendung.
> Bei der a-Konjugation, wo ja schon ein -**a**- steht, wird dieses **a** zu einem -**e**-.

audire	→ audi-**a**-m	audi-**a**-s	audi-**a**-t.....
videre	→ vide-**a**-m	vide-**a**-s	vide-**a**-t.....
vocare	→ voc-**e**-m	voc-**e**-s	voc-**e**-t......

1. Trage in der Konjugationstabelle auf Seite 139 die Konjunktiv-Präsens-Formen aller Konjugationen ein!

CUM - SÄTZE

Die lateinischen Nebensätze, die mit **cum** eingeleitet werden, können in unterschiedlichen Sinnzusammenhängen zum Hauptsatz stehen.
Versuche, die jeweilige Bedeutung von **cum** in den folgenden Beispielsätzen herauszufinden.

Ludus finitus est.
Magister domum properat.

***Cum ludus finitus sit,
magister domum properat.***

1. Bedeutung von cum: _____

( )

Magister domi advenit.
Vestimentum sibi detrahit.

***Cum magister domi advenerit,
vestimentum sibi detrahit.***

Bedeutung von cum: _____

( )

2.

Magister homo molestus est.
Tamen in ludo discipulis placere conatur.

Cum magister homo molestus sit, tamen in ludo discipulis placere conatur.

3.

Bedeutung von cum: _____ (   )

In ludo magister hanc speciem habet.

Cum in ludo magister hanc speciem habeat, domi illam speciem habet.

Domi illam speciem habet.

Bedeutung von cum: _____ (   )

Ein mit **cum** *eingeleiteter Nebensatz kann folgende Bedeutung haben:*

1) .... (   )

2) .... (   )

3) .... (   )

4) .... (   )

Die jeweils zutreffende Bedeutung erkennt man aus dem Sinnzusammenhang!

Auf seiner Wanderung durch Germanien kommt Marcus durch viele Städte, die an Mosel *(Mosella)* und Rhein *(Rhenus)* liegen und fest in römischer Hand sind. Überall erkundigt er sich nach den Produktionsbetrieben und Handel, um seine eigenen Chancen richtig beurteilen zu können.

In **Trier** *(Augusta Trevirorum)* findet er eine blühende Handelsstadt, wo Tuche gewebt, Töpfereien betrieben werden und wo Porzellan (*terra sigillata*) hergestellt wird. Sogar das noch seltene Fensterglas und Mosaiken werden hier produziert.

Einige Wochen später erreicht er **Mainz** *(Mogontiacum)*. Dort findet er viele kleine Handwerksbetriebe, die wunderschöne Kunst- und Schmuckgegenstände herstellen. Auch findet er hier -wie schon zuvor in vielen Städten am Rhein- sogenannte Sigillatenwerkstätten, d.h. Betriebe, in denen Porzellan in allen Formen und Preisklassen hergestellt werden.

Aus aller Welt kamen Waren über den Seeweg nach Rom. In der Nähe des alten Hafens finden wir heute einen Berg von Amphorenscherben, die im Laufe der Jahrhunderte aufgehäuft worden sind.

Auch später in **Köln** *(colonia Agrippinensis)* kann er viele Handwerksbetriebe bewundern, die er selbst in Rom niemals zuvor gesehen hatte. Mit einem alten Glasbläser, der ihm in der Werkstatt seine faszinierenden Artefakte zeigt, unterhält er sich lange über Handwerk und Handel in und mit Germanien. Er erfährt, dass es im Rheinland viele große Ziegeleien gibt, einige davon in den Legionslagern der Römer. Wenn er auch Metallfabriken sehen wolle, so müsse er die Produktionsbetriebe an der Maas *(Mosa)* besichtigen. In Niedermending würden Mühlsteine gebrochen, die so begehrt wären, dass man sie sogar bis nach Schottland hin verkaufen könne. Auch sein eigenes Glas würde bis nach Ägypten verkauft.

Marcus erkundigt sich auch, ob Handel mit dem freien Germanien bestünde. Er bringt in Erfahrung, dass die Germanen allerlei Waren den Römern feilbieten; man kann von ihnen Bernstein, Felle, Pech und Harz wie billige Arbeitskräfte - d.h. Sklaven- bekommen. Im Gegenzug exportiert man Textilien, Wein, Schmuck, Bronze und anderes Metall.

Als Marcus so auf seiner Reise in vielen Gesprächen erfährt, dass die Handwerker und Kaufleute des Rheinlandes zu den besten der Welt zählen, und dass deren Produkte nach überall hin verkauft werden, freut er sich über seine Entscheidung, die er in Rom getroffen hat. Frohen Mutes macht er sich auf den Weg in Richtung Colonia Ulpia Traiana.

LECTIO QUINTA DECIMA

Tatsächlich findet Marcus in Basilia ein Handelsschiff, das rheinabwärts Richtung Xanten fährt. In Bingium (Bingen) liegt bei der Hafenkommandantur ein Brief von Afra für ihn. Eilig öffnet er ihn. ...er erfährt, dass Kaiser Trajan einen Krieg gegen die Daker begonnen habe, dass er die Zusammensetzung des Senates ändern wolle, da es ihn offenbar störe, dass nur noch 30 Senatoren aus den alten republikanischen Familien stammten....
Neben diesen politischen Neuigkeiten erzählt Afra noch von ihrer Familie und am Ende des Briefes findet Marcus ein Gedicht:

Cáuponáe portá clausá hos scribám tibi vérsus;
núnc pater ít cubitúm, | sóla equidem híc sedeó.

Cónviváe forís atróci vóce ululántes
núnc etiám iurgánt, | quín etiám dimicánt.

Áudió demúm vocés fierí levióres,
vínosí cedúnt | átque petúnt alió.

Máestum et tríste fuít sine cáro vívere Rómae:
gáudia réquiró, | lúdere téque voló.

Iám dudúm quaerís fabrúm in terrís aliénis:
té adspectáre voló: | núnc fac, ut ínveniás !

Sí legerém 'adventá nunc!', nón cunctáns properárem
ámplexu ín tuó | túrbine vélociór.[1]

---

[1] Als Hilfe zur Übersetzung dient der Kasten auf Seite 124 unten.

Vokabeln (Lek.15)

1	caupōna	: Kneipe, Schänke	
	porta	: Tür, Tor	D Portal F porte
	versus, -ūs m.	: Vers	E verse F vers
	cubitum īre	: schlafen gehen	
5	equidem	: ich meinerseits, ich aber	
	convīva m.	: Gast	E convivial
			F convive
	forīs	: draußen, von draußen	E foreign
	atrōx,-ōcis (Gen.)	: schrecklich, gräßlich	E atrocious
			F atroce
	ululāre	: h.: jaulend singen	E ululate F hululer
10	iūrgāre	: streiten	
	quīn etiam	: ja sogar	
	dīmicāre	: streiten; h.: sich prügeln	
	levis, levis, leve	: leicht	E levity
	levior	: leichter, h.: leiser	
15	vīnōsus	: weinselig, betrunken	E wine F vin
	aliō	: anderswohin	F ailleurs
	maestus	: traurig, betrüblich	
	sine (m. Abl.)	: ohne	F sans
	cārus	: lieb, wert, teuer	E care F cher
20	requīrere	: vermissen	D Requisite
			E require
			F requérir
	tē lūdere	: h.: mit dir flirten	
	iam dūdum	: schon lange, schon längst	
	facere	: machen, tun, herstellen	D Fakt E fact
			F faire
	fac, ut...	: sieh zu, dass...	
25	adventāre	: herbeieilen	D Advent F advenir
	cūnctāns, -antis	: zögernd	
	amplexus, -ūs m.	: Umarmung	
	turbō, -inis m.	: Wirbelwind	D Turbine D E turbu-lent F turbulant
	vēlōx, -ōcis	: schnell	E velocity F vélo

Stammformen

requīrere	requīrō	requīsīvī	requīsītus
facere	faciō	fēcī	factus

Komparation

Wie im Deutschen können auch im Lateinischen die Adjektive gesteigert werden.
Es gibt zwei Stufen der Steigerung

groß (??)

größer (!)

größter !!!

POSITIV
(Grundform)

KOMPARATIV
(Höherstufe)

SUPERLATIV
(Höchststufe)

Der **Komparativ** wird gebildet, indem an den Wortstamm

    - für das Maskulinum und Femininum ein **-IOR**
    - für das Neutrum ein **-IUS**

angehängt wird.

Den **Superlativ** erkennt man an einem ange-
hängten **-ISSIMUS** (o. limus/rimus). Also:

levis	*leicht*	**levior**	**levissimus**
celer	*schnell*	**celerior**	**celerrimus**
tristis		_____	
maestus		_____	
maesta		_____	
maestum	_____		

> Der- oder dasjenige,
> was verglichen wird,
> erscheint oft im
> **Ablativ** oder wird mit
> *quam* angefügt.

> longior   ali**o**   est.
> o.
> longior **quam** alius est.

Natürlich schreibt Marcus einen Brief zurück; er berichtet von seiner Reise und seinen Erlebnissen und schließlich versucht auch er sich an einem Liebesgedicht:

1 Quaeris, quot mihi basiationes
2 tuae, Afra, sint satis superque?

3 Da mihi basia mille, deinde centum,
4 dein mille altera, dein secunda centum,
5 deinde usque altera mille, deinde centum.
6 Dein, cum milia multa fecerimus,
7 conturbabimus illa, ne sciamus
8 aut ne quis malus invidere possit,
9 cum tantum sciat esse basiorum.

10 Vivamus, mea Afra, atque amemus,
11 cum mox in amplexu meo venias.[1]

Vers 1:	*quot*:	wieviele
	basiatio:	= osculum
Vers 2:	*satis superque*:	wirklich ausreichend
Vers 3:	*basium*:	= basiatio o. osculum
	deinde:	= tum
	centum:	= mille : 10
Vers 4:	*altera*:	weitere, noch einmal
	secunda:	= altera s.o.
Vers 5:	*usque*:	fortwährend, immer wieder
Vers 6:	*fecerimus*:	h.: wir haben ausgetauscht
Vers 7:	*conturbare*:	durcheinander bringen
	ne:	damit nicht
	scire:	wissen
Vers 8:	*quis malus*:	irgendein übler Mensch
	invidere:	(uns) beneiden
Vers 9:	*tantum* m. Gen.:	so viele

---

[1] Tatsächlich ist dies ein Werk des Dichters Catull (84-47 v.Chr), der dieses *carmen V* seiner Geliebten Lesbia widmete.

Die römische Gesellschaft der Antike lässt sich grundsätzlich in drei Bevölkerungsgruppen unterteilen:

1. Römische **Bürger**: Sie waren frei und besaßen die *civitas Romana*, das römische Bürgerrecht und alle damit verbundenen Rechte (z.B. Wahlrecht) und Pflichten (z.B. Wehrpflicht). Die civitas Romana erwarb man als Kind römischer Bürger, als Freigelassener oder durch Verleihung durch die römische Regierung (z.B. an die italische Bevölkerung nach dem Bundesgenossenkrieg im Jahre 89 v.Chr.)
2. Nichtrömische **Freie**: Diese freigeborenen Menschen waren Einwohner des römischen Reiches ohne die civitas Romana zu besitzen.
3. **Sklaven**: Sie waren nicht frei und hatten damit auch keinerlei Rechte. Mit ihrer Freilassung erhielten sie allerdings die civitas Romana.

Bereits zur Zeit der römischen Königsherrschaft (s. Zeittafel S. 73) war die römische **Bürgerschaft**, also die oben unter 1. beschriebenen Römer, in zwei gesellschaftliche Gruppen, Stände, unterteilt:

1. **Patrizier** waren Angehörige der *gentes*, adeliger Familien. EinBestandteil des römischen Namens (*nomen gentile*) gab Auskunft über die Zugehörigkeit zu einer solchen gens. Zu jener Zeit wurden alle politischen Ämter mit Patriziern besetzt.

2. **Plebejer** waren nicht adelig und bildeten zur damaligen Zeit die *plebs*, das 'gemeine' Volk. Einige Plebejer standen als Klienten (s. Alltagsleben) in Abhängigkeitsverhältnissen zu patrizischen Familien.

Zwischen beiden Ständen bestand ein Eheverbot.

> Wichtig für die Organisation des römischen Staates und seine gesellschaftliche Struktur war die Einteilung seiner Bürger in bestimmte Klassen, sog. *comitia*. D.h. alle Bürger, die ungefähr das gleiche Vermögen besaßen, wurden demselben comitium zugeteilt.
> Durch die Zuteilung zu einem comitium wurde festgelegt,
>
> - dass man Mitglied eines bestimmten Standes war,
> - ob man im Heer Offizier werden konnte oder einfacher Fußsoldat wurde,
> - ob man sich in politische Ämter wählen lassen durfte,
> - welche Ämter des Magistrats man wählen durfte.

Mit dem **Ständekampf** (500-450 v.Chr.) erstritten die Plebejer einige Änderungen für die politische und gesellschaftliche Ordnung Roms:
Mit dem **Zwölftafelgesetz** wurde erstmals für Rom ein allgemeingültiges Recht schriftlich festgehalten; die **Volksversammlung**, *concilia plebis*, wurde eingerichtet, Plebejer wurden zu allen politischen Ämtern zugelassen. Das Eheverbot zwischen Patriziern und Plebejern wurde aufgehoben und es wurden zwei neue politische Ämter eingerichtet, die nur mit Plebejern besetzt werden durften und von der Volksversammlung gewählt wurden: das Amt des **Ädilen** und das des **Volkstribunen**. Das Volkstribunat war ein

wichtiges Amt, denn der Volkstribun konnte gegen Maßnahmen der Regierung durch ein Vetorecht vorgehen und war zudem unantastbar, *sancrosanctus*, d.h. es war unter strengster Strafe verboten, ihn zu verletzen.

Nach dem Ständekampf sah die gesellschaftliche Struktur Roms anders aus: Die 'aufgestiegenen' plebejischen und die patrizischen Familien bildeten eine neue Oberschicht, die sog. Nobilität. Sie bildeten innerhalb dieses Standes zwei 'Parteien' aus, die Plebejer nannten sich *populares* und die Patrizier hießen *optimates*. Dieser Stand der Nobilität zeichnete sich durch seinen Reichtum aus, den er aus Grundbesitz, seinen Landgütern, den *latifundia*, und deren Erzeugnissen zog.
Den zweiten Stand dieser Gesellschaft bildeten die *equites*, die Ritter. Während der Nobilität Geschäfte mit Geld untersagt waren, waren diese die Hauptquelle für das Vermögen der Ritter.
Den dritten Stand bildete die **plebs**. Die Angehörigen der römischen plebs besaßen im Vergleich mit der Nobilität oder den Rittern nur wenig oder gar nichts.
Ein sozialer Aufstieg, vor allem vom Ritterstand zur Nobilität, war zwar möglich, aber eher selten. Diese Aufsteiger wurden als *homines novi* bezeichnet; Cicero war z.B. ein homo novus.
Die Bewirtschaftung der latifundia wurde im Laufe der Jahrhunderte mit der Eroberung fremder Länder und der Versklavung der unterworfenen Einwohner mehr und mehr durch Sklaven betrieben. Die römischen Kleinbauern, die die Masse der Bevölkerung ausmachten, konnten gegenüber den Produkten aus diesen latifundia ihre Waren nur teurer verkaufen. Sie hielten dieser Konkurrenz auf Dauer nicht stand, verarmten und verloren schließlich ihren Besitz. Diese Menschen wanderten letztlich in die Stadt Rom und somit vergrößerte sich dort die Masse der Besitzlosen, das **Proletariat**, *plebs urbana* (proles: jmd., der nichts außer Kindern besitzt). In Rom wurde so die Kluft zwischen Reichen und Armen immer größer.
Diese Situation bedeutete eine innenpolitische Gefahr, da die Unzufriedenheit dieses Proletariats sich in Aufständen entladen konnte. Aus diesem Grund war die herrschende Obrigkeit in Rom zunehmend bemüht, durch kostenlose Verteilungen von Getreide (BROT...) und aufwendige Feste (...UND SPIELE) diese Menschen von ihrer sozialen Situation abzulenken.
Während der Zeit der Bürgerkriege und politischen Wirren (133-27 v.Chr.) haben Politiker begonnen, von diesem Zustand sogar zu profitieren. Wenn sie von der Volksversammlung in eines der plebeischen Ämter gewählt werden wollten, machten sie sich zuvor durch Kornspenden bei der plebs beliebt und hatten somit eventuell einen Vorsprung vor ihrem politischen Gegner.

Fragen zum Text:

1. **Welche Rechte erkämpften sich die Plebejer am Beginn der römischen Republik?**
2. **Kann man die römische Staatsverfassung als Demokratie bezeichnen?**

LECTIO SEXTA DECIMA

1 Aestīvō diē annī 101 post Chrīstum nātum Marcus ad Colōniam Ul-
piam Trāiānam pervenit. Labōribus iter faciendī nunc dēfūnctus est.
Ad portam colōniae custōdem salūtat interrogatque, ubī dēversōrium
invenīre possit. Ille respondet:

5   "Vidēsne illud templum atque paulō longius amphitheātrum?
Inter haec aedificia dēversōrium inveniēs; tibi ūndecim sēstertiī
prō nocte solvendī sunt; ibi etiam thermae sunt, ut tē bene re-
creāre possis.
      Prīmō autem tibi praefectūra petenda est, quod nōmina omni-

10   bus advenīs praefectō urbis nūntianda sunt."
Marcus grātiās agit gaudetque, quod nunc scit, quī locī sibi petendī
sint. Officiīs cōnfectīs colōniam vīsitat atque īnsulae lignāriōrum oc-
currit. Magnō cum gaudiō quīdam faber vetus Marcum accipit, cum
iam diū tabernae alumnum quaesīverit.

15 Artem lignāriī Marcō trēs annōs discendam esse dīcit.
Dextrās iungunt atque Marcus in Colōnia Ulpia Trāiāna remanēre
cōnstituit.

Hafentempel-Rekonstruktion in Xanten

Vokabeln (Lek.16)

1	aestīvus	: sommerlich	F estival
	post Chrīstum nātum: nach Christi Geburt		
	labor, labōris m.	: Mühe, Strapaze	D Labor E labour
	dēfungī (m. Abl.)	: überstehen,	D Funktion
		hinter sich bringen	E defunct
5	**custōs, -ōdis m.**	: Wächter, Beschützer	
	dēversōrium	: Herberge, Gasthaus	
	templum	: Heiligtum, Tempel	E F temple
	paulō	: ein wenig	
	amphitheātrum	: Amphitheater	
10	**inter (m. Acc.)**	: zwischen	E inter- F entre
	aedificium	: Bauwerk, Gebäude	F édifice
	ūndecim	: elf	D Dezimal, Dekade
	sēstertius	: Sesterz (röm. Währung)	
	prō (m. Abl.)	: vor, für, anstatt	E pro F pour
15	**sē recreāre**	: sich erholen	E recreate
			F récréer
	prīmō	: zuerst, anfangs	
	advena m.	: Ankömmling, Fremder	D Advent F advenir
	praefectus urbis	: Statthalter	
	nūntiāre	: melden, anzeigen	D Denunziation
			E announce
			F annoncer
20	**scīre**	: wissen, verstehen	E science F savoir
	cōnficere	: erledigen, vollenden	D Konfekt
			E confection
	lignārius	: Schreiner	E ligneous
	tabernae alumnus:	Lehrling, Azubi	
	dexter,-tra,-trum	: rechts	E dexter F droite
25	**iungere**	: verbinden, vereinigen	E junction
			F jonction
	dextrās iungere	: die Hand darauf geben,	
		mit Handschlag besiegeln	
	remanēre	: zurückbleiben, verbleiben	E remain

Stammformen

dēfungi	dēfungor	dēfūnctus sum	--
scīre	**sciō**	**scīvī**	**scītus**
cōnficere	**cōnficiō**	**cōnfēcī**	**cōnfectus**
iungere	**iungō**	**iūnxī**	**iūnctus**
remanēre	**remaneō**	**remānsī**	**remānsus**

Gerundium und Gerundivum (nd-Formen)

A.   Das Gerundium:

Im Deutschen kann jedes Verb auch zum **Substantiv** umgewandelt werden:

lesen → *das Lesen, des Lesens usw.*

Diese Umwandlung leistet im Lateinischen das Gerundium, es wird an den Verbstamm ein -nd- angehängt und daran dann die entsprechende Form der o-Deklination im Singular.

laudare	→	lauda-**nd**-i (Genitiv)
		lauda-**nd**-o (Dativ)
	ad	lauda-**nd**-um (Akkusativ)
		lauda-**nd**-o (Ablativ)

Am häufigsten findet sich das Gerundium im Genitiv:

z.B.   *ars amandi*
        genus dicendi
        studium discendi
        cupidus dominandi

B.   Das Gerundivum:

Im Text haben wir auch das Gerundivum kennengelernt. Dort war es immer verbunden mit einer Form von *esse*. Im Unterschied zum Gerundium kann es auch im Plural vorkommen. Es wird auch nicht wie ein Substantiv, sondern wie ein **Adjektiv** verwendet. Man kommt schnell zur richtigen Übersetzung, wenn man wie folgt vorgeht:

Liber legendus est.

legen**dus** →   ein zu lesen**des**

Das Buch ist ein zu lesendes.   → Das Buch **muss** gelesen werden.

Das Gerundivum mit *esse* drückt also immer eine Notwendigkeit aus. Derjenige, der dann jeweils etwas tun muss, erscheint grammatikalisch im **Dativ.**

Mihi liber legendus est

Mir ist das Buch ein zu lesendes   →   **Ich** muss das Buch lesen.

1. Übersetze nun folgende Übungsbeispiele:

a. In thermis Marco tesserae solvendae sunt.

_____

_____

b. Porta tabernae Afrae nocte claudenda est.

_____

_____

c. Dentes agricolae saepius purgandae sunt.

_____

_____

d. Periculosi Germani mercatoribus Romanis fugiendi sunt.

_____

_____

e. Periculosi Galli militibus Romanis fugiendi sunt.

_____

_____

2. Trage die nd-Formen in die Tabellen auf Seite 139 und 140 (ganz unten) ein!

GRENZSTÄDTE IN DEN RÖMISCHEN PROVINZEN

Die außenpolitische Entwicklung Roms

Im Laufe seiner jahrhundertelangen Entwicklung wuchs Rom von einem kleinen Stadtstaat zu einer Weltmacht, dem *Imperium Romanum*, heran. Zur Zeit der frühen Republik -vor allem im **4. Jh. v. Chr.**- dehnte Rom seinen Einfluss auf Italien aus. Das **3. Jh. v. Chr.** war gekennzeichnet durch die Auseinandersetzungen mit Karthago. Durch ihren Sieg über diese Handelsmacht konnte Rom seinen Herrschaftsbereich auf das westliche Mittelmeer und die angrenzenden Länder und Küsten (Sizilien, Nordafrika, Spanien und das heutige Südfrankreich) ausweiten. Danach verbreitete sich das römische Reich im **2. Jh. v. Chr.** auf die Gebiete, die am östlichen Mittelmeer lagen (Makedonien, Griechenland, Kleinasien und Pergamon). Im Verlauf des **1. Jh. v. Chr.** erweiterte vor allem Caesar das römische Imperium nach Norden hin. Er eroberte in den Jahren 58-51 v. Chr. Gallien und machte es zu einer römischen Provinz.

Dieses 1. Jh. v. Chr. wurde aber nicht durch nur diese Eroberung geprägt, sondern durch die vielen inneren Krisen und den Bürgerkrieg, die das **Ende der römischen Republik** im Jahre 27 v. Chr. markierten.

Der erste Kaiser des römischen Reiches, Augustus (27 v.Chr.-14 n.Chr.), wollte, dass sich die innenpolitischen Zustände normalisieren. Als Symbol für diese seine Absicht rief er den sog. Augusteischen Weltfrieden aus, die *pax Augusta* oder *pax Romana*. Diese Friedenspolitik bedeutete aber nicht, dass die Römer keine Kriege mehr führten, sondern dass sie die Kriege als Befriedungsfeldzüge bezeichneten und ansahen. So versuchte Augustus z.B. Germanien zu erobern, was durch die verheerende Niederlage in der sog. Varus-Schlacht im Jahre 9 n. Chr. aufgegeben wurde. Die Römer legten nun mehr Wert auf die Befestigung der Grenzen ihres Reiches.

Die Befestigung der Grenzen - der *limes*

Die Römer befestigten ihre Grenzen nach einem bestimmten System. Ihre Befestigungsanlagen nannten sie *limes*. Diese limes gab es an allen Grenzen des Reiches; am bekanntesten sind die Anlagen in Britannien (z.B. der Hadrianswall), an der Donau und am Rhein.

Ein limes war eine Straße, die entlang der Grenze verlief. Meistens wurde diese Straße zur nichtrömischen Seite hin durch einen Wall und einen Graben befestigt. In solchen Gebieten, wo es nötig schien, bauten die Römer eine Mauer entlang der Straße, um so die Grenze noch besser schützen zu können (z.B. im heutigen Süddeutschland zwischen Stuttgart und Regensburg).

In regelmäßigen Abständen errichteten die Römer am limes Legionslager oder Kastelle. Die dort stationierten Truppen dienten zur Abschreckung und im Angriffsfall zur Verteidigung der Grenze. In den Legionslagern waren jeweils etwa 6000 Soldaten stationiert. In den Kastellen dienten die auxilia, die Hilfstruppen, mit zumeist 500-1000 Mann.

Der limes, der die Grenze zu Germanien bildete, umfasste während der römischen Kaiserzeit sieben Legionslager (Nimwegen, Xanten, Neuss, Köln, Bonn, Mainz und Regensburg) und mehr als 80 Kastelle. Weitere Kastelle lagen weiter im Landesinneren in der Nähe zur Grenze.

Man kann sich also ausrechnen, dass allein für die Grenze zu den Germanen mindestens 82 000 Soldaten benötigt wurden.

Im Laufe der Jahre entwickelte sich in Friedenszeiten ein reger Handel entlang der Grenze und darüber hinaus. Somit hatten einige Lager bzw. Kastelle nicht nur eine militärische, sondern auch eine wirtschaftliche Funktion und in ihrer direkten Umgebung entstanden zivile Siedlungen und Städte, die später wichtige Handelszentren darstellten. Zu den Bewohnern solcher Städte zählten auch viele ehemalige Soldaten. Als Veteranen war ihnen nach Ende ihrer Dienstzeit ein Stück Land in der Nähe der Siedlungen zugeteilt worden. Die Verbindung dieser Städte mit der militärischen Tradition Roms zeigt sich auch in ihrer inneren Struktur. Für den inneren Aufbau solcher Städte in den Provinzen bietet die Stadt *Colonia Ulpia Traiana* (Xanten) ein gutes Beispiel.

Xanten - eine typische römische Grenzstadt

Wenn die römischen Soldaten ein Legionslager errichteten, verfuhren sie dabei nach dem immer gleichen Muster.

Das ausgesuchte Areal war ein gleichmäßiges Rechteck oder Quadrat. Dieses Gebiet wurde nach außen durch eine Mauer, einen Graben und einen Wall befestigt.

Auf jeder Mauerseite wurden -je nach Größe des Lagers- ein oder mehrere Wehrtürme eingebaut. Der Wehrturm in der Mitte einer Mauerseite diente zugleich als Lagertor. Diese Tore wurden durch zwei Straßen verbunden, die von vorn nach hinten und von rechts nach

Xanten: Nordtor zur Stadt

links durch das Lager verliefen. In der Mitte des Lagers, wo beide Straßen sich kreuzten, war ein großer Platz, auf dem die Soldaten ihre Exerzierübungen abhielten. Auf diesem Platz wurde auch das *principia* errichtet. In diesem Gebäude wohnten die Offiziere und von hier aus wurde das Lager verwaltet. In den umliegenden vier Karrees wurden nach strenger Ordnung die Soldatenunterkünfte, Materiallager u.ä. errichtet. Alle Zwischenstraßen waren so angelegt, dass sie parallel zu den Hauptstraßen verliefen; so ergab sich ein Schachbrettmuster.

Wenn nun eine zivile Stadt oder Siedlung gegründet wurde, verfuhren die römischen Städtebauer nach dem gleichen Prinzip:
Die Grundrisse der Städte wurden zunächst von einem Landvermesser bestimmt und das umrissene zukünftige Stadtgebiet wurde durch die Straßen im Schachbrettmuster geteilt. Die Befestigung der Stadt durch eine Mauer und bewachte Tore war ebenso dem Lagerprinzip entnommen.

Auch die Colonia Ulpia Traiana (CUT) wurde zwischen 98 und 105 n. Chr. nach diesem Schema erbaut. Sie maß 800 x 800 Meter und hatte ca. 10 000 Einwohner. Im Zentrum der CUT lag ein großer Platz, auf dem das Forum und die wichtigen Tempel erbaut worden waren. In den umliegenden Planquadraten gab es weitere öffentliche Bauten: ein Amphitheater, eine Herberge, eine Therme, weitere Tempel und mehrere Verwaltungsgebäude. Aus anderen römischen Städten wissen wir, dass je größer die Stadt war, desto mehr öffentliche Gebäude geplant und gebaut wurden. Es konnte also mehr als ein Theater, eine Therme etc. in einer römischen Provinzstadt geben.

Neben diesen öffentlichen Gebäuden errichtete man die Häuser für die Stadtbewohner. In der CUT gab es z.B. neben den Privathäusern, in de-

Xanten: ein Baukran

nen die reicheren Einwohner lebten, die Mietshäuser (insulae) für die weniger reichen Leute und es gab mehrere Handwerkerviertel. Dort lebten und arbeiteten verschiedenste Handwerker. Ihre Viertel lagen in geschäftsgünstiger Nähe zum zentralen Marktplatz und Forum der Stadt. Da die CUT direkt an einem Seitenarm des Rheins lag, besaß sie einen eigenen Hafen samt Hafentempel und war durch die Verbindung zu dieser Wasserstraße ein wichtiges Handelszentrum am Niederrhein.

Solche römischen Provinzstädte -wie die CUT- wurden am Reißbrett entworfen, exakt nach der Planung bebaut und besiedelt. Wenn es vorkam, dass dort mehr Menschen leben wollten, als die Stadt beherbergen konnte, so planten und bauten die Römer in der weiteren Umgebung eine neue Stadt.

Das Nomen
Deklination der Substantive

		O -DEKLINATION		
		Maskulina auf -us	Maskulina auf -(e)r	Neutra
Sg.	Nom.	*amic-us*	*puer* *vir*	*vin-um*
	Gen.			
	Dat.			
	Akk.			
	Abl.			
Pl.	Nom.			
	Gen.			
	Dat.			
	Akk.			
	Abl.			

		KONSONANTISCHE DEKLINATION		
		Maskulina auf -or	Feminina auf -as	Neutra auf -us/-en
Sg.	Nom.	*labor*	*dignitas*	*litus* *nomen*
	Gen.			
	Dat.			
	Akk.			
	Abl.			
Pl.	Nom.			
	Gen.			
	Dat.			
	Akk.			
	Abl.			

		A-DEKLINATION	GEMISCHTE DEKLINATION	
		Feminina auf -a	Feminina auf -is/es + kons. Endungen	
Sg.	Nom.	*puell-a*	*navis* *sedes*	*urbs*
	Gen.			
	Dat.			
	Akk.			
	Abl.			
Pl.	Nom.			
	Gen.			
	Dat.			
	Akk.			
	Abl.			

		E-DEKLINATION	U-DEKLINATION	I-STÄMME
		Mask.+ Fem auf -es	Mask.auf -us /Neutr.auf -u	Neutra
Sg.	Nom.	*di-es* m. *r-es* f.	*exercit-us* *corn-u*	*mare*
	Gen.			
	Dat.			
	Akk.			
	Abl.			
Pl.	Nom.			
	Gen.			
	Dat.			
	Akk.			
	Abl.			

Das Pronomen

1. Demonstrativpronomina

	Singular			Plural		
	mask.	fem.	neutr.	mask.	fem.	neutr.
Nominativ Genitiv Dativ Akkusativ Ablativ	*hic*	*haec*	*hoc*			
Nominativ Genitiv Dativ Akkusativ Ablativ	*is*	*ea*	*id*			
Nominativ Genitiv Dativ Akkusativ Ablativ	*ille*	*illa*	*illud*			
Nominativ Genitiv Dativ Akkusativ Ablativ	*ipse*	*ipsa*	*ipsum*			
Nominativ Genitiv Dativ Akkusativ Ablativ	*idem*	*eadem*	*idem*			

2. Relativpronomina

	Singular			Plural		
	mask.	fem.	neutr.	mask.	fem.	neutr.
Nominativ	*qui*	*quae*	*quod*			
Genitiv						
Dativ						
Akkusativ						
Ablativ						

3. Interrogativpronomina

	lat.	deutsch
Nominativ	*quis?*	
Genitiv		
Dativ		
Akkusativ		
Ablativ		

4. Personalpronomina

	Singular				Plural			
	lat.	deutsch	lat.	deutsch	lat.	deutsch	lat.	deutsch
Nominativ	*ego*		*tu*		*nos*		*vos*	
Genitiv	--		--		--		--	
Dativ								
Akkusativ								
Ablativ								

Das Verb Formen des Präsensstammes

		a-Konjugation	e-Konjugation	i-Konjugation	kons. Konjugation	gemischte Konjugation
AKTIV						
INDIKATIV	PRÄSENS	*voc-o*	*vide-o*	*audi-o*	*pet-o*	*cupi-o*
	IMPERFEKT					
	FUTUR 1					
KONJUNKTIV	PRÄSENS					
	IMPERFEKT					
IPV.						
INF.						
PART.						
nd						

PASSIV					
		a- Konjugation	e- Konjugation	i- Konjugation	kons. Konjugation	gemischte Konjugation
I N D I K A T I V	**P R Ä S E N S**	*voc-or*	*vide-or*	*audi-or*	*pet-or*	*cupi-or*
	I M P E R F E K T					
	F U T U R 1					
K O N J U N K T I V	**P R Ä S E N S**					
	I M P E R F E K T					
INF.						
nd						

Formen des Perfektstammes

		a-Konjugation	e-Konjugation	i-Konjugation	kons. Konjugation	gemischte Konjugation
				AKTIV		
I N D I K A T I V	**P E R F E K T**	*voca-v-i*	*vid-i*	*audi-v-i*	*peti-v-i*	*cupi-v-i*
	P L U S Q U A M - P F					
	F U T U R 2					
K O N J U N K T I V	**P E R F E K T**					
	P L U S Q U A M - P F					
INF.						

PASSIV					
		a- Konjugation	e- Konjugation	i- Konjugation	kons. Konjugation	gemischte Konjugation
I N D I K A T I V	**P E R F E K T**	*vocatus sum*	*visus sum*	*auditus sum*	*petitus sum*	*cupitus sum*
	P L U S Q U A M - P F					
	F U T U R 2					
K O N J U N K T I V	**P E R F E K T**					
	P L U S Q U A M - P F					
INF.						
PART.						

Verben mit Besonderheiten in der Konjugation

1. esse

	Präs.	Impf.	Fut. 1	Perf.	Plpf.	Fut. 2
Ind.	sum	er-a-m	er-o	fu-i	fu-era-m	fu-er-o
Konj.	si-m	esse-m		fu-eri-m	fu-isse-m	
Inf.						
Ipv.						
Part.						

2. ire

	Präs.	Impf.	Fut. 1	Perf.	Plpf.	Fut. 2
Ind.	e-o	i-ba-m	i-b-o	i-i	i-era-m	i-er-o
Konj.	e-a-m	ire-m		i-eri-m	isse-m	
Inf.						
Ipv.						
Part.						
nd						

3. ferre

	Präs.	Impf.	Fut. 1	Perf.	Plpf.	Fut. 2
Ind.	fer-o	fere-ba-m	fer-a-m	tul-i	tul-era-m	tul-er-o
Konj.	fer-a-m	ferre-m		tul-eri-m	tul-isse-m	
Inf.						
Ipv.						
Part.				latus		

4. velle

	Präs.	Impf.	Fut. 1	Perf.	Plpf.	Fut. 2
Ind.	vol-o	vole-ba-m	vol-a-m	volu-i	volu-era-m	volu-er-o
Konj.	veli-m	velle-m		volu-eri-m	volu-isse-m	
Inf.						
Part.						

Infinitiv	1. Präs. Aktiv	1. Perf. Aktiv	Part. Perf. Passiv	
accipere	accipiō	accēpī	acceptus	annehmen
āmittere	āmittō	āmīsī	āmissus	verlieren
animadvertere	-vertō	-vertī	-versus	wahrnehmen
ascendere	ascendō	ascendī	ascēnsus	besteigen
capere	capiō	cēpī	captus	nehmen
cognōscere	cognōscō	cognōvī	cognitus	kennenlernen
cōnsīdere	cōnsīdō	cōnsīdī	cōnsessus	sich hinsetzen
cōnsistere	cōnsistō	cōnsistī	--	sich hinstellen
cupere	cupiō	cupīvī	cupītus	wünschen
currere	currō	cucurrī	cursus	laufen
dare	dō	dedī	datus	geben
dēbēre	dēbeō	dēbuī	dēbitus	müssen
dēpōnere	dēpōnō	dēposuī	dēpositus	ablegen
dīcere	dīcō	dīxī	dictus	sagen
dūcere	dūcō	dūxī	ductus	führen
habēre	habeō	habuī	habitus	haben
incidere	incidō	incidī	--	hineinfallen
incipere	incipiō	incīpī	inceptus	anfangen
legere	legō	lēgī	lēctus	lesen
lūdere	lūdō	lūsī	lūsus	spielen
offerre	offerō	obtulī	oblātus	anbieten
petere	petō	petīvī	petītus	streben nach
placēre	placeō	placuī	--	gefallen
pōnere	pōnō	posuī	positus	legen
posse	possum	potuī	--	können
re-cēdere	recēdō	recessī	recessus	weggehen
reddere	reddō	reddidī	redditus	zurückbringen
relinquere	relinquō	relīquī	relictus	verlassen
rīdēre	rīdeō	rīsī	rīsus	lachen
scrībere	scrībō	scrīpsī	scrīptus	schreiben
sentīre	sentiō	sēnsī	sēnsus	fühlen
sequī	sequor	secūtus sum	--	folgen
solvere	solvō	solvī	solūtus	bezahlen
tacēre	taceō	tacuī	tacitus	schweigen
venīre	veniō	vēnī	ventus	kommen
vidēre	videō	vīdī	vīsus	sehen
vīvere	vīvō	vīxī	vīctūrus	leben

145

ALPHABETISCHES VERZEICHNIS DER STAMMFORMEN

Infinitiv	1. Präs. Aktiv	1. Perf. Aktiv	Part. Perf. Passiv	
abīre	abeō	abiī	abitus	weggehen
accipere	accipiō	accēpī	acceptus	annehmen
adiungere	adiungō	adiūnxī	adiūnctus	anfügen
agere	agō	ēgī	āctus	treiben
alere	alō	aluī	altus	nähren
āmittere	āmittō	āmīsī	āmissus	verlieren
animadvertere	-vertō	-vertī	-versus	wahrnehmen
aperīre	aperiō	aperuī	apertus	öffnen
appārēre	appāreō	appāruī	appāritūrus	erscheinen
ascendere	ascendō	ascendī	ascēnsus	besteigen
aspicere	aspiciō	aspexī	aspectus	anschauen
auferre	auferō	abstulī	ablātus	wegtragen
capere	capiō	cēpī	captus	nehmen
cēdere	cēdō	cessī	cessus	weggehen
circumdare	circumdō	circumdedī	circumdatus	eben
circumīre	circumeō	circumiī	circumitus	umkreisen
claudere	claudō	clausī	clausus	schließen
cognōscere	cognōscō	cognōvī	cognitus	kennenlernen
colligere	colligō	collēgī	collēctus	sammeln
commovēre	commoveō	commōvī	commōtus	bewegen
complēre	compleō	complēvī	complētus	anfüllen
concupīscere	concupīscō	concupīvī	concupītus	heiß begehren
concurrere	concurrō	concurrī	concursus	zusammenlaufen
condere	condō	condidī	conditus	gründen
cōnficere	cōnficiō	cōnfēcī	cōnfectus	vollenden
cōnsīdere	cōnsīdō	cōnsēdī	cōnsessus	sich hinsetzen
cōnsistere	cōnsistō	cōnsistō	--	sich hinstellen
cōnstituere	cōnstituō	cōnstituī	cōnstitūtus	beschließen
crēdere	crēdō	crēdidī	crēditus	glauben
cupere	cupiō	cupīvī	cupītus	wünschen
currere	currō	cucurrī	cursus	laufen
dare	dō	dedī	datus	geben
dēbēre	dēbeō	dēbuī	dēbitus	müssen
dēdūcere	dēdūcō	dēdūxī	dēductus	führen
dēfungi	dēfungor	dēfūnctus sum	--	überstehen
dēpōnere	dēpōnō	dēposuī	dēpositus	ablegen
dēsipere	dēsipiō	--	-	rumalbern
dēsistere	dēsistō	dēstitī	dēstitūrus	aufhören
dīcere	dīcō	dīxī	dictus	sagen
discēdere	discēdō	discessī	discessus	weggehen

Infinitiv	1. Präs. Aktiv	1. Perf. Aktiv	Part. Perf. Passiv	
discere	discō	didicī	--	lernen
dūcere	dūcō	dūxī	ductus	führen
edere	edō	ēdī	ēsus	essen
ērubēscere	wērubēscō	ērubuī	--	erröten
expellere	expellō	expulī	expulsus	vertreiben
expōnere	expōnō	exposuī	expositus	aussetzen
exstinguere	exstinguō	exstīnxī	exstīnctus	auslöschen
facere	faciō	fēcī	factus	machen
fierī	fīō	factus sum	--	werden
flectere	flectō	flexī	flexus	biegen
gaudēre	gaudeō	gāvīsus sum	--	(sich) freuen
gerere	gerō	gessī	gestus	führen
habēre	habeō	habuī	habitus	haben
horrēre	horreō	horruī	--	s. erschrecken
iacere	iaciō	iēcī	iactus	werfen
iacēre	iaceō	iacuī	--	liegen
incidere	incidō	incidī	--	hineinfallen
incipere	incipiō	incēpī	inceptus	anfangen
induere	induō	induī	indūtus	anziehen
inicere	iniciō	iniēcī	iniectus	hineinstürzen
īnspicere	īnspiciō	īnspexī	īnspectus	hineinschauen
interdīcere	interdīcō	interdīxī	interdictus	verbieten
invālēscere	invālēscō	invāluī	--	stärker werden
invenīre	inveniō	invēnī	inventus	finden
iubēre	iubeō	iussī	iussus	befehlen
iungere	iungō	iūnxī	iūnctus	verbinden
iuvāre	iuvō	iūvī	iūtus	Freude haben
legere	legō	lēgī	lēctus	lesen
lūdere	lūdō	lūsī	lūsus	spielen
manēre	maneō	mānsī	mānsus	bleiben
mittere	mittō	mīsī	missus	schicken
movēre	moveō	mōvī	mōtus	bewegen
obdūcere	obdūcō	obdūxī	obductus	bedecken
occurrere	occurrō	occurrī	occursus	entgegenkommen
offerre	offerō	obtulī	oblātus	anbieten
pervenīre	perveniō	pervēnī	perventus	gelangen
petere	petō	petīvī	petītus	streben nach
placēre	placeō	placuī	--	gefallen

Infinitiv	1. Präs. Aktiv	1. Perf. Aktiv	Part. Perf. Passiv	
pōnere	pōnō	posuī	positus	legen
posse	possum	potuī	--	können
praecēdere	praecēdō	praecessī	praecessus	vorausgehen
prōcēdere	prōcēdō	prōcessī	prōcessus	vorangehen
quaerere	quaerō	quaesīvī	quaesītus	suchen
recēdere	recēdō	recessī	recessus	weggehen
reddere	reddō	reddidī	redditus	zurückbringen
refulgēre	refulgeō	refulsī	--	erstrahlen
relinquere	relinquō	relīquī	relictus	verlassen
remanēre	remaneō	remānsī	remānsus	zurückbleiben
repellere	repellō	repulī	repulsus	zurückstoßen
requīrere	requīrō	requīsīvī	requīsītus	vermissen
resistere	resistō	restitī	--	s. widersetzen
respondēre	respondeō	respondī	respōnsus	antworten
retinēre	retineō	retinuī	retentus	zurückhalten
rīdēre	rīdeō	rīsī	rīsus	lachen
rubēre	rubeō	rubuī	--	rot werden
sapere	sapiō	sapiī	--	schmecken
scīre	sciō	scīvī	scītus	wissen
scrībere	scrībō	scrīpsī	scrīptus	schreiben
sedēre	sedeō	sēdī	sessus	sitzen
sentīre	sentiō	sēnsī	sēnsus	fühlen
sequī	sequor	secūtus sum	--	folgen
solvere	solvō	solvī	solūtus	bezahlen
stāre	stō	stetī	status	stehen
stupēre	stupeō	stupuī	--	stutzen
suādēre	suādeō	suāsī	suāsus	(an)raten
sub-dūcere	subdūcō	subdūxī	subductus	hinaufführen
subīre	subeō	subiī	subitus	auf s. nehmen
tacēre	taceō	tacuī	tacitus	schweigen
tenēre	teneō	tenuī	tentum	halten
ūtī	ūtor	ūsus sum	--	benutzen
velle	volō	voluī	--	wollen
vendere	vendō	vendidī	venditus	verkaufen
venīre	veniō	vēnī	ventus	kommen
vertere	vertō	vertī	versus	wenden
vidēre	videō	vīdī	vīsus	sehen
vincere	vincō	vīcī	victus	siegen
vīvere	vīvō	vīxī	vīctūrus	leben

LERNVOKABULARIUM

A

ā, ab (m. Abl.)	: von, von...her (7 A)
abīre	: weggehen (13)
accipere	: annehmen, entgegennehmen (5 B)
ācer, ācris, ācre	: scharf, bitter, erbittert (10)
ad (m. Acc.)	: zu; bei (5 C)
adhūc	: bis jetzt, immer noch (13)
adiungere	: anfügen, anschließen (14)
adiuvāre (m. Acc.)	: helfen, unterstützen (5 C)
adspectāre	: anschauen, betrachten (5 A)
adulūscentia	: (frühes) Erwachsenenalter (8)
aedificium	: Bauwerk, Gebäude (16)
agere	: treiben, betreiben (8)
aliēnus	: fremd (10)
aliquandō	: irgendwann einmal (7 A)
alius, -a, -ud	: ein anderer (6 A)
alter, -a, -um	: ein anderer (7 A)
alter...alter	: der eine...der andere (6 A)
altus	: hoch, tief (6 B)
amāre	: lieben (3)
amīca	: Freundin (5 A)
amīcus	: Freund (2)
āmittere	: verlieren (5 B)
animadvertere	: wahrnehmen, bemerken (6 A)
animus	: Geist, Gemüt (4)
annus	: Jahr (8)
ante (m. Acc.)	: vor; (wenn nachgestellt) vorher (8)
aperīre	: öffnen, eröffnen (11)
appārēre	: erscheinen (9)
appellāre	: nennen, ansprechen (9)
apportāre	: herbeitragen, bringen (1)
appropinquāre	: sich nähern (5 B)
apud (m. Acc.)	: bei (7 B)
aqua	: Wasser (5 A)
ars, artis f.	: Kunst, Handwerk (10)
ascendere	: hinaufsteigen, besteigen (5 B)
atque	: und (3)
atrŏx, -ōcis	: schrecklich, grässlich (15)
audīre	: hören, zuhören (5 A)
auferre	: wegtragen, -bringen (13)
aut	: oder (12)
autem	: aber, jedoch (3)
auxilium	: Hilfe (10)

B

bellum	: Krieg (14)
bene	: gut (3)
bonus	: gut (11)

C

cāntāre	: singen (5 B)
capere	: fangen, fassen, nehmen (5 B)
carmen, -inis n.	: Lied (5 B)
cārus	: lieb, wert, teuer (15)
causā (n. Gen.)	: wegen, um...willen (10)
cēdere	: gehen, weichen (13)
celebrāre	: feiern (11)
certē	: sicher, klar (2)
cēterī,-ae,-a	: die übrigen (5 B)
cibus	: Speise, Essen (1)
circumdare	: umgeben (8)
cīvis, cīvis m.	: Bürger (8)
clam	: heimlich (3)
clāmāre	: rufen, schreien (2)
clāmor, -is m.	: Lärm, Geschrei (5 B)
clārus, -a, -um	: berühmt, hell (5 B)
claudere	: schließen, verschließen (12)
cognōscere	: erkennen, kennenlernen (2)
colligere	: sammeln (13)
collocāre	: einrichten, aufstellen (14)
colōnia	: Kolonie (6 B)
commovēre	: bewegen (7 A)
complēre	: anfüllen (8)
condere	: gründen (7 A)
condiciō, -iōnis f.	: Bedingung (8)
cōnficere	: erledigen, vollenden (16)
cōnfirmāre	: stärken, sichern (7 A)
cōnsīdere	: sich hinsetzen (5 A)
cōnsilium	: 1. Ratschlag; 2. Plan, Absicht (10)
cōnsistere	: sich hinstellen, bestehen (5 C)
cōnstantia	: Stetigkeit, Standhaftigkeit (5 B)
cōnstituere	: beschließen, aufstellen (10)
consuētūdō, -inis f.	: Gewohnheit, Lebensweise (5 C)
cōnsultāre	: bereden, beratschlagen (11)
cōpia	: Sg.: Menge; Pl.: Truppen, Vorräte (13)
corpus	: Körper (5 A)
cottīdiē	: täglich (11)
crassus	: dick, fett (13)
crēdere	: glauben, vertrauen (7 B)
cum (m. Ind.)	: als (7 B)

cum (m. Konj.)	: 1. als, nachdem 2. weil 3. obwohl (14)
cum (Präp.)	: mit (4)
cūnctī	: alle (4)
cupere	: wünschen, wollen (1)
cupiditās, -tātis f.	: Verlangen, Begierde (7 A)
cūr?	: warum? (2)
currere	: laufen, eilen (4)
custōdīre	: behüten, bewachen (7 B)
custōs, -ōdis m.	: Wächter, Beschützer (16)

D

dare	: geben (4)
dē (m. Abl.)	: von, aus, über (5 C)
dēbēre	: müssen, schulden, verdanken (3)
dēclāmāre	: laut reden (6 B)
dēlēre	: zerstören (10)
dēlīberāre	: erwägen, überlegen (9)
dēmōnstrāre	: zeigen, beweisen (13)
dēpōnere	: ablegen (6 B)
dēsīderāre	: vermissen, sich sehnen nach (15)
dēsistere	: aufhören (9)
deus	: Gott (7 B)
dexter, -tra, -trum	: rechts (16)
dīcere	: sagen, sprechen (4)
diēs, diēī m.	: Tag (8)
dīgnitās, -tātis f.	: Würde (8)
dīligentia	: Sorgfalt (4)
dīmicāre	: streiten (15)
discēdere	: weggehen, verschwinden (12)
diū	: lange (1)
dīvitiae, -tiārum f.	: Reichtum (10)
dominus,-ī m.	: Herr, Hausherr (5 B)
domum	: nach Hause (1)
dūcere	: führen, ziehen (5 B)
dum	: während (5 B)
duo, duae, duo	: zwei (4)

E

ē, ex	: aus, aus...heraus (4)
ēducāre	: großziehen, erziehen (7 B)
ego	: ich (3)
enim	: nämlich (3)
eō modō	: auf diese Art und Weise, so (7 A)
equus	: Pferd (4)
es	: du bist (2)
esse	: sein (3)
est	: er, sie, es ist (1)
et	: und (1)
etiam	: auch, sogar (6 B)

etiamnunc	: immer noch (9)
exercēre	: üben, trainieren (5 A)
exercitus, -tūs m.	: Heer (9)
expellere	: vertreiben (7 A)
ex-pōnere	: aussetzen, -stellen, -legen (7 A)
exspectāre	: erwarten, warten auf (4)
exstinguere	: auslöschen (12)

F

fābula	: Geschichte, Sage (5 A)
facere	: machen, tun, herstellen (15)
fac, ut...	: sieh zu, dass (15)
familia	: Familie, Hausgemeinschaft (5 B)
fēlīcitās, -tātis f.	: Glück (11)
ferē	: beinahe, fast (5 B)
fēstus	: feierlich (8)
fierī	: 1. werden 2. geschehen 3. gemacht werden (9)
fīlia	: Tochter (7 A)
fīlius	: Sohn (5 B)
fīnītus,-a,-um	: beendet (1)
fluvius	: Fluss (5 C)
fortasse	: vielleicht (3)
frāter, frātris m.	: Bruder (7 A)
futūrus	: zukünftig (11)

G

gaudium	: Freude, Spaß (13)
gaudēre	: freuen, sich freuen (8)
gēns, gentis f.	: Volk, Volksstamm, Sippe (10)
gerere	: führen, betreiben (14)
glōria	: Ruhm (6 B)
grātiās agere	: Dank sagen, danken (5 B)
gravis, gravis, grave	: bedeutsam, schwer (8)

H

habēre	: haben, halten (5 C)
herī	: gestern (7 B)
hīc	: hier (5 C)
hic, haec, hoc	: dieser, diese, dieses (6 B)
hodiē	: heute (3)
homō, hominis m.	: Mensch (5 A)
hōra	: Stunde (4)
horrēre	: sich erschrecken (4)
hortus	: Garten (5 B)
hostis, hostis m./f.	: Feind (10)

I

iacere	: werfen (7 A)

iacēre	: liegen (4)
iam	: schon (4)
ibi	: da, dort (3)
ille, illa, illud	: jener, jene, jenes (6 B)
imperium	: Herrschaft, Oberbefehl (7 A)
in	: in, an, auf, bei (4)
in animō habēre	: vorhaben, im Sinne haben (10)
incidere	: hineinfallen (5 B)
incipere	: anfangen, beginnen (5 B)
incola, incolae m.	: Einwohner (6 B)
ingēns, ingentis	: riesig, gewaltig (9)
in itinere	: unterwegs (14)
in memoriā tenēre	: in Erinnerung behalten (12)
intentus,-a,-um	: angespannt, aufgeregt (4)
inter (m. Acc.)	: zwischen (16)
interdīcere	: verbieten (9)
intereā	: inzwischen (14)
interrogāre	: fragen (2)
intrāre	: betreten, eintreten (1)
invenīre	: finden, erfinden (7 A)
ipse, ipsa, ipsum	: er selbst, gerade er (8)
īre	: gehen (5 C)
is, ea, id	: er, sie es; der, die, das (6 B)
ita	: so (7 A)
itaque	: deshalb (1)
iter, itineris n.	: Weg, Marsch, Reise (10)
iter facere	: reisen, marschieren (10)
iterum	: wieder, ein zweites Mal (5 B)
iubēre	: befehlen (7 B)
iūcundus,-a,-um	: angenehm, beliebt (3)
iungere	: verbinden, vereinigen (16)
iūrgāre	: streiten (15)
iūs, iūris n.	: Recht (8)

L

labor, labōris m.	: Mühe, Strapaze (16)
labōrāre	: arbeiten (3)
lacrima	: Träne (4)
laetus,-a,-um	: fröhlich (5 B)
legere	: lesen (5 A)
levis, levis, leve	: leicht (15)
libenter	: gern, mit Vergnügen (3)
liber, librī m.	: Buch (5 A)
līberī, -ōrum	: Kinder (7 A)
licet, licuit (m. Dat.)	: es ist (jem.) erlaubt (8)
litterae, litterārum	: Brief, Wissenschaft (11)
locus	: Ort (12)
longinquus	: weit entfernt (11)
longus, -a, -um	: lang (8)
lūdere	: spielen, scherzen (3)
lūdus	: Schule; Spiel (1)

M

maestus	: traurig, betrüblich (15)
magnus,-a,-um	: groß (4)
māne	: morgens, am Morgen (7 B)
manēre	: bleiben (11)
manus, -ūs f.	: Hand (5 B)
mare, maris n.	: Meer (6 B)
māter, mātris f.	: Mutter (5 C)
medius, -a, -um	: mittlerer, Mittel- (10)
mēns, mentis f.	: Sinn, Gesinnung, Verstand (11)
mercātor, -tōris m.	: Kaufmann (14)
meus, -a, -um	: mein (5 C)
migrāre	: wandern, auswandern (10)
mihi opus est	: ich benötige, ich brauche (10)
mīles, mīlitis m.	: Soldat (9)
mille	: tausend (2)
mīrāculum	: Wunder (6 B)
mittere	: schicken (9)
mōnstrāre	: zeigen (6 A)
mors, mortis f.	: Tod (5 C)
movēre	: bewegen (12)
mox	: bald (6 B)
multī, -ae, -a	: viele (2)
mutāre	: ändern, verändern (12)

N

nam	: denn (3)
nārrāre	: erzählen (5 A)
natāre	: schwimmen (3)
nauta m.	: Seemann, Seefahrer (13)
nāvigāre	: segeln (6 B)
nāvis, nāvis f.	: Schiff (10)
-ne?	: angehängter Fragepartikel (2)
necāre	: töten (7 A)
negōtium	: Tätigkeit, Geschäft (14)
nēmō, nūllīus	: niemand, keiner (9)
neque...neque	: weder...noch (5 C)
nihil	: nichts (3)
nōbīs	: uns, für uns (3)
nōmen, nōminis n.	: Name (7 B)
nōn	: nicht (3)
nōn iam	: nicht mehr, nicht länger (6 A)
nōn īgnōrāre	: genau wissen (8)
nōnnūllī	: einige (14)
nōn quidem.. sed tamen	: zwar nicht...aber doch (12)
nōn sōlum... sed etiam	: nicht nur... sondern auch (5 A)
nōnus,-a,-um	: neunte (4)
nōs	: wir (3)
noster, -tra, -trum	: unser, unsere (9)

nōtus,-a,-um	: bekannt (2)	
novus,-a,-um	: neu (1)	
nox, noctis f.	: Nacht (12)	
nūllus, -a, -um	: keiner (7 A)	
num	: etwa (7 B)	
nunc	: nun, jetzt (3)	
nūntiāre	: melden, anzeigen (16)	

O

oculus	: Auge (12)
offerre	: anbieten (5 B)
officium	: Pflicht (8)
omnes	: alle (6 B)
opera	: Dienst, Bemühung (10)
oppidum	: (Land-)Stadt (13)
optimus	: der beste (14)
ōrātor	: Redner (5 A)

P

parāre	: (zu)bereiten, besorgen (13)
parvus, -a, -um	: klein (5 B)
pater	: Vater (5 C)
paucī, -ae, -a	: wenige (8)
paulō post	: wenig später (2)
pecūnia	: Geld, Eigentum (6 A)
per (m. Acc.)	: durch, über, hinweg (12)
perīculōsus	: gefährlich (14)
permultī	: sehr viele (14)
perpaucī	: sehr wenige (14)
perturbāre	: verwirren, bestürzen (7 B)
pervenīre	: gelangen (10)
pēs, pedis m.	: Fuß (14)
petere	: verlangen, (er)bitten, gehen zu (3)
placēre	: gefallen (5 A)
pōnere	: legen, setzen, stellen (6 A)
populus	: Volk (10)
portāre	: tragen (6 B)
posse	: können, vermögen (6 A)
post (m. Acc.)	: nach (5 C)
posteā	: danach, später (5 A)
posterī, -ōrum	: Nachkommen (7 A)
postquam	: nachdem (5 A)
postrēmō	: zuletzt, endlich (6 B)
praetereā	: darüberhinaus, außerdem (5 C)
prīmō	: zuerst, anfangs (16)
prīmum	: zuerst, zum ersten Mal (6 A)
prō (m. Abl.)	: vor, für, anstatt (16)
prōcēdere	: vorangehen, glücken (11)
prope (m. Acc.)	: nahe, nahe bei (8)
properāre	: laufen, eilen (1)
proprius	: eigen, eigentümlich (11)
prōvincia	: Provinz (10)
proximus	: nahe, nahegelegen (6 B)

pūblicum	: Öffentlichkeit (8)
puella	: Mädchen (1)
puer, puerī m.	: Junge (6 B)
pūnīre	: bestrafen (8)
putāre	: glauben, meinen (7 A)

Q

quaerere	: suchen (11)
quam	: als, wie (5 C)
quamdiū	: wie lange (9)
quamquam	: obwohl (5 A)
quasi	: gleichsam wie (12)
-que	: und (4)
quī, quae, quod	: dieser,diese,dieses; (6 B) welcher,welche,welches
quid?	: was? (2)
quīdam	: ein gewisser (5 B)
quīn etiam	: ja sogar (15)
quintus, -a, -um	: der fünfte (4)
quod	: weil (2)
quoque	: auch (2)

R

recēdere	: weggehen, sich zurückziehen (4)
recūsāre	: ablehnen, verweigern (10)
reddere	: zurückbringen, -geben (6 B)
regiō, regiōnis f.	: Gegend, Region (14)
rēgnum	: Königreich, Königsherrschaft (7 A)
relinquere	: verlassen, zurücklassen (3)
remanēre	: zurückbleiben, verbleiben (16)
repellere	: zurückstoßen (12)
requīrere	: vermissen (15)
rēs, reī f.	: Sache, Ding, Angelegenheit (5 C)
resistere	: sich widersetzen, Widerstand leisten (13)
respondēre	: antworten (7 B)
retinēre	: zurückhalten (12)
rēx, rēgis m.	: König (7 A)
rīdēre	: lachen (2)
Rōmae	: in Rom (3)
Rōmānus	: römisch (8)

S

saepe	: oft (7 B)
salūtāre	: begrüßen (2)
Salvē!	: Sei gegrüßt! (2)
scīre	: wissen, verstehen (16)
scrībere	: schreiben (5 C)
sē	: sich (5 A)
sēcum	: mit sich (13)

sed	: aber (2)
sedēre	: sitzen (11)
sēdēs, sēdis f.	: Sitz, Wohnsitz (11)
semper	: immer (12)
sentīre	: fühlen, meinen, wahrnehmen (6 A)
sē ornāre	: sich schmücken (4)
sequī (m. Acc.)	: folgen (6 B)
sē recreāre	: sich erholen (16)
servāre	: retten, bewahren (7 B)
servus	: Diener, Sklave (4)
sī	: wenn (9)
sīgnum	: Zeichen, Startzeichen (4)
silentium, -ī n.	: Ruhe (5 C)
sine (m. Abl.)	: ohne (15)
situs, -a, -um	: gelegen (5 B)
socius	: Gefährte, Freund (6 B)
sōlus, -a, -um	: alleine (5 A)
solvere	: bezahlen, lösen (5 A)
spectāre	: betrachten, ansehen (1)
spērāre	: hoffen (11)
stāgnum	: Teich (5 C)
stāre	: stehen (8)
statim	: sofort (2)
statua	: Statue (5 C)
suādēre	: (an)raten, empfehlen (14)
subitō	: plötzlich (1)
sum	: ich bin (3)
sunt	: sie sind (3)
suus, -a, -um	: sein, ihr (5 B)

T

tacēre	: schweigen (2)
tamen	: dennoch (5 A)
tamquam	: gleichsam wie (6 B)
tandem	: endlich (1)
tantummodo	: nur, lediglich (6 A)
tē (Acc. v. tū)	: dich (10)
templum	: Heiligtum, Tempel (16)
tempus, temporis n.	: Zeit (8)
terra	: Land, Erde (4)
timidus	: ängstlich (12)
timor, timōris m.	: Angst (13)
toga	: Toga (8)
tōtus	: ganz (9)
trāns (m. Acc.)	: über (5 C)
trēs	: drei (2)
trīstis,trīstis,trīste	: traurig (11)
tū	: du (3)
tum	: dann, daraufhin (1)
tūtus	: sicher, geschützt (10)
tuus, -a, -um	: dein (2)

U

ubī	: 1. sobald 2. wo? (7 B)

ūnā cum	: zusammen mit (4)
ūnus, -a, -um	: einer, ein einziger (6 A)
urbs, urbis f.	: Stadt (7 A)
ut (m. Ind.)	: wie (6 A)
ut (m. Konj.)	: dass (14)
ūtī (m. Abl.)	: benutzen, gebrauchen (14)
ūtilis, ūtilis, ūtile	: nützlich, brauchbar (14)
uxor, uxōris f.	: Ehefrau (7 B)

V

valdē	: sehr, stark, heftig (6 A)
-ve	: oder, oder auch (12)
vel	: oder (5 A)
velle	: wollen (7 A)
venīre	: kommen (4)
verbum	: Wort (4)
vertere	: wenden, drehen (7 B)
vērus	: wahr, wahrhaftig, echt (12)
vetus, veteris	: alt (14)
via	: Weg, Straße (5 C)
victor, victōris m.	: Sieger (6 B)
vidēre	: sehen (1)
vīlla	: Villa, Landhaus (5 B)
vincere	: siegen, besiegen (13)
vīnum	: Wein (1)
vir, virī m.	: Mann (5 B)
virtūs, virtūtis f.	: Tapferkeit (6 B)
vīsitāre	: besuchen (11)
vīta	: Leben (5 C)
vītam agere	: leben, das Leben verbringen (5 C)
vīvere	: leben (6 A)
vocāre	: rufen (7 B)
vōs	: ihr (3)
vōx, vōcis f.	: Stimme (5 B)

A

ā, ab (m. Abl.) : von, von...her (7 A)
abīre : weggehen (13)
abundāre (m. Abl.):Überfluss haben an (10)
accipere : annehmen,
    entgegennehmen (5 B)
ācer, ācris, ācre : scharf, bitter, erbittert (10)
ad (m. Acc.) : zu; bei (5 C)
adhūc : bis jetzt, immer noch (13)
adiungere : anfügen, anschließen (14)
adiuvāre (m. Acc.): helfen, unterstützen (5 C)
administrāre : besorgen, verrichten,
    leiten (5 C)
adnatāre : heran-schwimmen (5 A)
adspectāre : anschauen,
    betrachten (5 A)
adulūscentia : (frühes) Erwachsenen-
    alter (8)
advena m. : Ankömmling, Fremder (16)
adventāre : herbeieilen (15)
aedēs, -is f. : Zimmer, Gemach (6 A)
aedificium : Bauwerk, Gebäude (16)
aestīvus : sommerlich (16)
agere : treiben, betreiben (8)
agricola m. : Bauer, Landwirt (10)
Alba longa : Mutterstadt Roms
    am Albanerberg (7 A)
alere : nähren, ernähren (7 A)
aliēnus : fremd (10)
aliō : anderswohin (15)
aliquamdiū : eine Zeit lang (5 A)
aliquandō : irgendwann einmal (7 A)
aliter : anders (5 C)
alius, -a, -ud : ein anderer (6 A)
alter, altera, : ein anderer (7 A)
alterum
alter...alter : der eine...der andere (6 A)
altissimē : besonders weit (6 B)
altus : hoch, tief (6 B)
amans : verliebt (2)
amāre : lieben (3)
ambulāre : spazieren (3)
āmens : von Sinnen (2)
amīca : Freundin (5 A)
amīcus : Freund (2)
āmittere : verlieren (5 B)
amphitheātrum : Amphitheater (16)
amplexus, -ūs m. : Umarmung (15)
angulus : Ecke, Winkel (5 A)

angustiae, -ārum : Enge, Armut (6 A)
animadvertere : wahrnehmen,
    bemerken (6 A)
animal, animālis n.: Tier (12)
animus : Geist, Gemüt (4)
annus : Jahr (8)
ante (m. Acc.) : vor;
    (wenn nachgestellt) vorher (8)
anus, anūs f. : alte Frau, Greisin (8)
aper, aprī m. : Wildschwein (13)
aperīre : öffnen, eröffnen (11)
appārēre : erscheinen (9)
appellāre : nennen, ansprechen (9)
apportāre : herbeitragen, bringen (1)
appropinquāre : sich nähern (5 B)
apud (m. Acc.) : bei (7 B)
aqua : Wasser (5 A)
ārea postīca : Hinterhof (6 A)
(h)arēna : Sand, Kampfplatz (4)
armārium : Schrank (6 A)
ars, artis f. : Kunst, Handwerk (10)
ars lignāriī : Schreinerhandwerk (10)
ascendere : hinaufsteigen,
    besteigen (5 B)
aspicere : anschauen, mustern (6 B)
atque : und (3)
ātrium : Hauptraum des
    röm. Hauses (5 B)
atrōx, -ōcis : schrecklich, grässlich (15)
audīre : hören, zuhören (5 A)
auferre : wegtragen, -bringen (13)
aurīga : Wagenlenker (4)
aut : oder (12)
autem : aber, jedoch (3)
auxilium : Hilfe (10)
avus : Großvater (7 A)

B

balneum : Bad (5 A)
Basilīa : Basilia,
    das heutige Basel (14)
beātus : glücklich (11)
bellum : Krieg (14)
bene : gut (3)
blandus, -a, -um : schmeichelnd, zärtlich (4)
bonus : gut (11)
botellus : Würstchen (1)
Britannī : Britanner (14)

C

Calēdonia : Schottland (9)
cālīgō : Finsternis (12)
cāntāre : singen (5 B)
capere : fangen, fassen, nehmen (5 B)
Capitōlium : Kapitol (Hügel Roms) (8)
carmen, carminis n.: Lied (5 B)
cārus : lieb, wert, teuer (15)
casa : Hütte, Haus (7 B)
cāseus : Käse (2)
caupō, caupōnis m: Wirt (13)
caupōna : Kneipe, Schänke (15)
causā (nach Gen.): wegen, um...willen (10)
cēdere : gehen, weichen (13)
celebrāre : feiern (11)
centuriō, -nis m. : Zenturio (9)
certāmen, -inis n. : Wettkampf (6 B)
certē : sicher, klar (2)
cēterī, -ae, -a : die übrigen (5 B)
cibus : Speise, Essen (1)
cinis, cineris m. : Asche (12)
circumdare : umgeben (8)
circumīre : umkreisen (6 B)
circumspectāre : umherschauen, sich umsehen (5 C)
Circus Maximus : Circus Maximus (4)
cīvis, cīvis m. : Bürger (8)
clam : heimlich (3)
clāmāre : rufen, schreien (2)
clāmor, -ōris m : Lärm, Geschrei (5 B)
clārus, -a, -um : berühmt, hell (5 B)
claudere : schließen, verschließen (12)
clīvus Argentārius: Silberberg (ein Hügel in Rom) (5 B)
cognōscere : erkennen, kennenlernen (2)
colligere : sammeln (13)
collocāre : einrichten, aufstellen (14)
colōnia : Kolonie (6 B)
Colōnia Ulpia Trāiāna : heutiges Xanten (14)
cōmiter : freundlich (7 B)
commovēre : bewegen (7 A)
complēre : anfüllen (8)
complētus : angefüllt, erfüllt (6 A)
concupīscere : heiß begehren (14)
concurrere : zusammenlaufen (6 B)
condere : gründen (7 A)
condiciō, -iōnis f. : Bedingung (8)
cōnficere : erledigen, vollenden (16)
cōnfirmāre : stärken, sichern (7 A)
cōnsīdere : sich hinsetzen (5 A)
cōnsilium : 1. Ratschlag; 2. Plan, Absicht (10)

cōnsistere : sich hinstellen, bestehen (5 C)
cōnsistere ex : bestehen aus (5 C)
cōnstantia : Stetigkeit, Standhaftigkeit (5 B)
cōnstituere : beschließen, aufstellen (10)
consuētūdō, -inis f.: Gewohnheit, Lebensweise (5 C)
cōnsultāre : bereden, beratschlagen (11)
contumāciter : stolz (6 A)
convīva m. : Gast (15)
cōpia : Sg. : Menge; Pl. : Truppen, Vorräte (13)
corbula : Körbchen (7 A)
corpus : Körper (5 A)
cotīdiānus : täglich, alltäglich (5 C)
cottīdiē : täglich (11)
crās : morgen (3)
crassus : dick, fett (13)
crēdere : glauben, vertrauen (7 B)
cubiculum : Schlafzimmer (6 A)
cubitum īre : schlafen gehen (15)
cum (m. Ind.) : als (7 B)
cum (m. Konj.) : 1. als, nachdem; 2. weil; 3. obwohl (14)
cum (Präp.) : mit (4)
cūnctāns, -antis : zögernd (15)
cūnctī : alle (4)
cupere : wünschen, wollen (1)
cupiditās, -tātis f. : Verlangen, Begierde (7 A)
cūr? : warum? (2)
cūriōse : neugierig (6 A)
currere : laufen, eilen (4)
curriculum : Rennen (4)
custōdīre : behüten, bewachen (7 B)
custōs, -ōdis m. : Wächter, Beschützer (16)

D

dare : geben (4)
dē (m. Abl.) : von, aus, über (5 C)
dēbēre : müssen, schulden, verdanken (3)
dēclāmāre : laut reden (6 B)
dēdūcere : führen, geleiten (8)
dēfungī (m. Abl.) : überstehen, hinter sich bringen (16)
dēlēre : zerstören (10)
dēlīberāre : erwägen, überlegen (9)
dēliciae, -iārum : Delikatessen (13)
delphīnus : Delfin (6 B)
dēmōnstrāre : zeigen, beweisen (13)
dēmum : endlich (5 A)
dēns, dentis m. : Zahn (10)

dēpōnere	: ablegen (6 B)
dēsīderāre	: vermissen, sich sehnen nach (15)
dēsipere	: rumalbern (5 A)
dēsistere	: aufhören (9)
deus	: Gott (7 B)
dēversōrium	: Herberge, Gasthaus (16)
dēvorāre	: verschlingen (3)
dexter, dextra, dextrum	: rechts (16)
dextrās iungere	: die Hand darauf geben, mit Handschlag besiegeln (16)
dīcere	: sagen, sprechen (4)
diēs, diēī m.	: Tag (8)
dīgnitās, -tātis f.	: Würde (8)
dīligentia	: Sorgfalt (4)
dīmicāre	: streiten (15)
discēdere	: weggehen, verschwinden (12)
discere	: lernen (5 C)
dītior,-iōris (Gen.)	: reicher (6 A)
diū	: lange (1)
dīvitiae, -iārum f.	: Reichtum (10)
dolor, dolōris m.	: Schmerz (10)
domesticus	: häuslich (5 C)
domī	: zu Hause, im Hause (5 C)
domicilium	: Wohnung (6 A)
dominus,-ī m.	: Herr, Hausherr (5 B)
domum	: nach Hause (1)
dūcere	: führen, ziehen (5 B)
dum	: während (5 B)
duo, duae, duo	: zwei (4)

E

ē, ex	: aus, aus...heraus (4)
eāmus	: lass uns gehen (4)
ebrius, -a, -um	: betrunken (5 B)
edax	: Vielfraß (2)
edere	: essen (2)
ēducāre	: großziehen, erziehen (7 B)
ego	: ich (3)
enim	: nämlich (3)
eō modō	: auf diese Art und Weise, so (7 A)
equidem	: ich meinerseits, ich aber (15)
equus	: Pferd (4)
ērubēscere	: erröten (1)
es	: du bist (2)
esse	: sein (3)
est	: er, sie, es ist (1)
et	: und (1)
etiam	: auch, sogar (6 B)

etiamnunc	: immer noch (9)
exercēre	: üben, trainieren (5 A)
exercitus, -tūs m.	: Heer (9)
expellere	: vertreiben (7 A)
expōnere	: aus-setzen, -stellen, -legen (7 A)
exspectāre	: erwarten, warten auf (4)
exstinguere	: auslöschen (12)

F

faber, fabrī m.	: Handwerker (11)
fābula	: Geschichte, Sage (5 A)
facere	: tun, machen, herstellen (15)
fac, ut...	: sieh zu, dass...(15)
familia	: Familie; Hausgemeinschaft (5 B)
fēlīcitās, -tātis f.	: Glück (11)
fēmina	: Frau (5 C)
fenestra	: Fenster, Maueröffnung (6 A)
ferē	: beinahe, fast (5 B)
fēstus	: feierlich (8)
fierī	: 1. werden, 2. geschehen, 3. gemacht werden (9)
fīlia	: Tochter (7 A)
fīlius	: Sohn (5 B)
fīnītus, -a, -um	: beendet (1)
flūmen, -minis n.	: Fluss, Strömung (7 A)
fluvius	: Fluss (5 C)
flectere	: biegen, abbiegen (6 B)
forīs	: draußen (15)
formōsus,-a,-um	: schön, hübsch (1)
fortasse	: vielleicht (3)
forum boarium	: Rindermarkt (5 C)
forum Rōmānum	: das römische Forum (4)
frāter, frātris m.	: Bruder (7 A)
frīgidārium	: Kaltwasserbecken (5 A)
frīgidus, -a, -um	: kalt (5 A)
fūmus	: Rauch, Dunst (12)
futūrus	: zukünftig (11)

G

Gallia	: Gallien (10)
Gallī	: Gallier (13)
gaudium	: Freude, Spaß (13)
gaudēre	: freuen, sich freuen (8)
gēns, gentis f.	: Volk, Volksstamm, Sippe (10)
gerere	: führen, betreiben (14)
Germānī	: Germanen (14)
Germānia	: Germanien (10)
glōria	: Ruhm (6 B)

gradus, gradūs m.	: Schritt, Stufe (5 B)
Graecus	: Grieche, griechisch (10)
Graecia	: Griechenland (10)
grātiās agere	: Dank sagen, danken (5 B)
grātis	: umsonst, gratis (13)
gravis,	: bedeutsam, schwer (8)
gravis, grave	

H

habēre	: haben, halten (5 C)
herī	: gestern (7 B)
heus	: Hey! (2)
hīc	: hier (5 C)
hic, haec, hoc	: dieser, diese, dieses (6 B)
Hippōnensis	: hipponensisch (Hippo
	: Stadt in Numidien) (6 B)
hodiē	: heute (3)
homō,hominis m.	: Mensch (5 A)
hōra	: Stunde (4)
horrēre	: sich erschrecken (4)
hortus	: Garten (5 B)
hostis,hostis m./f.	: Feind (10)

I

iacere	: werfen (7 A)
iacēre	: liegen (4)
iactāre	: hin- und herwerfen,
pass.	: treiben (7 A)
iam	: schon (4)
iam dūdum	: schon lange,
	schon längst (15)
ibi	: da, dort (3)
ictus	: betroffen, beunruhigt (6 A)
ientāculum	: Frühstück (8)
ille, illa, illud	: jener, jene, jenes (6 B)
illinc	: von dort (14)
illūnis	: mondlos (12)
imperium	: Herrschaft,Oberbefehl (7 A)
impluvium	: Regenauffangbecken
	im Atrium (5 B)
in	: in, an, auf, bei (4)
in animō habēre	: vorhaben,
	im Sinne haben (10)
incidere	: hineinfallen (5 B)
incipere	: anfangen, beginnen (5 B)
incola, incolae m.	: Einwohner (6 B)
inde	: von dort (8)
induere	: anziehen (8)
īnfāns, īnfantis m./f.	: Säugling (7 A)
ingēns, ingentis	: riesig, gewaltig (9)
inicere	: hineinstürzen, -fügen (8)
in itinere	: unterwegs (14)

in memoriā tenēre: in Erinnerung behalten (12)	
īnspicere	: hineinschauen, mustern (9)
īnstrūctus	: eingerichtet (6 A)
īnsula	: Mietshaus, Insel (6 A)
intentus, -a, -um	: angespannt, aufgeregt (4)
inter (m. Acc.)	: zwischen (16)
inter sē concurrere: zusammenstoßen (4)	
interdīcere	: verbieten (9)
intereā	: inzwischen (14)
interrogāre	: fragen (2)
intrāre	: betreten, eintreten (1)
invālēscere	: stärker werden (12)
invenīre	: finden, erfinden (7 A)
investīgāre	: aufspüren, finden (7 A)
invicem	: gegenseitig, einander (5 A)
ipse, ipsa, ipsum	: er selbst, gerade er (8)
īre	: gehen (5 C)
is, ea, id	: er, sie es; der, die, das (6 B)
ita	: so (7 A)
itaque	: deshalb (1)
iter, itineris n.	: Weg, Marsch, Reise (10)
iter facere	: reisen, marschieren (10)
iterum	: wieder,
	ein zweites Mal (5 B)
iterum iterumque	: immer wieder (5 B)
iubēre	: befehlen (7 B)
iūcundus, -a, -um	: angenehm, beliebt (3)
iungere	: verbinden, vereinigen (16)
iūrgāre	: streiten (15)
iūs, iūris n.	: Recht (8)

L

labor, labōris m.	: Mühe, Strapaze (16)
labōrāre	: arbeiten (3)
lac caprīnum	: Ziegenmilch (13)
lacrima	: Träne (4)
laetus, -a, -um	: fröhlich (5 B)
Latīnī	: Latiner,
	Bewohner Latiums (7 A)
lectus	: Bett (6 A)
legere	: lesen (5 A)
levior	: leichter (15)
levis, levis, leve	: leicht (15)
libenter	: gern, mit Vergnügen (3)
liber, librī m.	: Buch (5 A)
līberī, -ōrum	: Kinder (7 A)
līberta	: Freigelassene (2)
licet, licuit (m. Dat.): es ist (jem.) erlaubt (8)	
lignārius	: Schreiner (16)
litterae, litterārum : Brief, Wissenschaft (11)	
lītus, lītoris n.	: Küste (6 B)
locus	: Ort (12)
longinquus	: weit entfernt (11)
longissimē	: am weitesten (6 B)

longus, -a, -um	:	lang (8)
Lūcius	:	Lucius (Eigenname) (2)
lūdere	:	spielen, scherzen; flirten (3)
lūdus	:	Schule; Spiel (1)
Lugdūnum	:	Lugdunum, das heutige Lyon (14)
lūmen, lūminis n.	:	Licht (12)
lupa	:	Wölfin (7 A)
lūridus	:	fahl (12)

M

maestus	:	traurig, betrüblich (15)
magister, -strī m.	:	Lehrer (8)
magnus, -a, -um	:	groß (4)
māne	:	morgens, am Morgen (7 B)
manēre	:	bleiben (11)
manus, -ūs f.	:	Hand (5 B)
Marcus	:	Marcus (1)
mare, maris n.	:	Meer (6 B)
Massiliae	:	in Massilia (heutiges Marseille) (13)
māter, mātris f.	:	Mutter (5 C)
mātrimōnium	:	Ehe (8)
maximē	:	am meisten, besonders (6 B)
mēcum	:	mit mir (3)
medicus	:	Arzt (10)
medius, -a, -um	:	mittlerer, Mittel- (10)
mēns, mentis f.	:	Sinn, Gesinnung, Verstand (11)
mēnsa	:	Tisch (6 A)
mēnsis, mēnsis m.	:	Monat (8)
mercātor, -tōris m.	:	Kaufmann (14)
mercātōrius	:	Kaufmann-, kaufmännisch (10)
mercēs, -ēdis f.	:	Miete (6 A)
merx, mercis f.	:	Ware (14)
meus, -a, -um	:	mein (5 C)
migrāre	:	wandern, auswandern (10)
mihi opus est	:	ich benötige, ich brauche (10)
mīles, mīlitis m.	:	Soldat (9)
mīlitāre	:	Kriegsdienst leisten, dienen (9)
mille	:	tausend (2)
mīrābundus	:	verwundert (7 B)
mīrāculum	:	Wunder (6 B)
mittere	:	schicken (9)
mōnstrāre	:	zeigen (6 A)
mors, mortis f.	:	Tod (5 C)
movēre	:	bewegen (12)
mox	:	bald (6 B)
multī, -ae, -a	:	viele (2)
multō	:	um vieles (5 C)

mundus	:	Erde, Welt (9)
mutāre	:	ändern, verändern (12)

N

nam	:	denn (3)
nārrāre	:	erzählen (5 A)
natāre	:	schwimmen (3)
nauta m.	:	Seemann, Seefahrer (13)
nāvigāre	:	segeln (6 B)
nāvis, nāvis f.	:	Schiff (10)
nāvis praefectus	:	Kapitän (10)
-ne?	:	angehängter Fragepartikel (2)
nebula	:	Nebel (12)
necāre	:	töten (7 A)
negōtium	:	Tätigkeit, Geschäft (14)
nēmō, nūllīus	:	niemand, keiner (9)
neque...neque	:	weder...noch (5 C)
nihil	:	nichts (3)
nix, nivis f.	:	Schnee (12)
nōbīs	:	uns, für uns (3)
nōmen, nōminis n.	:	Name (7 B)
nōn	:	nicht (3)
nōndum	:	noch nicht (4)
nōn iam	:	nicht mehr, nicht länger (6 A)
nōn īgnōrāre	:	genau wissen (8)
nōnne?	:	...denn nicht?; ...etwa nicht? (2)
nōnnūllī	:	einige (14)
nōn quidem.. sed tamen	:	zwar nicht... aber doch (12)
nōn sōlum... sed etiam	:	nicht nur... sondern auch (5 A)
nōnus, -a, -um	:	neunte (4)
nōs	:	wir (3)
noster, -tra, -trum	:	unser, unsere (9)
nōtus, -a, -um	:	bekannt (2)
novus, -a, -um	:	neu (1)
nox, noctis f.	:	Nacht (12)
nūllus, -a, -um	:	keiner (7 A)
num	:	etwa (7 B)
nunc	:	nun, jetzt (3)
nūntiāre	:	melden, anzeigen (16)

O

obdūcere	:	bedecken (12)
obscūrus	:	dunkel, finster (6 A)
occurrere	:	entgegenkommen (6 B)
oculus	:	Auge (12)
offerre	:	anbieten (5 B)
officīna	:	Werkstatt (11)

officium	: Pflicht (8)
olīva	: Olive (2)
omnes	: alle (6 B)
omnīnō (nōn)	: gar (nicht), gänzlich (5 A)
opera	: Dienst, Bemühung (10)
oppidum	: (Land-)Stadt (13)
optimus	: der beste (14)
ōrātor	: Redner (5 A)
ōsculum	: Kuss (5 C)
Ōstiae	: in Ostia (Roms Hafen) (10)

P

pānis, -is m.	: Brot (6 A)
parāre	: (zu)bereiten, besorgen (13)
parcē	: spärlich, karg (6 A)
parvī	: billig (10)
parvus, -a, -um	: klein (5 B)
pāstor, -ōris m.	: Hirte (7 B)
pater	: Vater (5 C)
paucī, -ae, -a	: wenige (8)
paulō post	: wenig später (2)
paulō	: ein wenig (16)
pecūnia	: Geld, Eigentum (6 A)
per (m. Acc.)	: durch, über, hinweg (12)
perīculōsus	: gefährlich (14)
permultī	: sehr viele (14)
perpaucī	: sehr wenige (14)
perturbāre	: verwirren, bestürzen (7 B)
pervenīre	: gelangen (10)
pēs, pedis m.	: Fuß (14)
petere	: verlangen, (er)bitten, gehen zu (3)
piscantur	: sie fischen (6 B)
placenta mellīta	: Honigkuchen (8)
placēre	: gefallen (5 A)
pōculum, pōculī n.	: Becher (5 B)
Poenī, Poenōrum	: Punier (10)
poēta, -ae m.	: Dichter (5 B)
pompa	: Festzug (8)
pōnere	: legen, setzen, stellen (6 A)
populus	: Volk (10)
porta	: Tür, Tor (15)
portāre	: tragen (6 B)
portus, portūs m.	: Hafen (10)
posse	: können, vermögen (6 A)
possum	: ich kann (5 C)
post (m. Acc.)	: nach (5 C)
post Chrīstum nātum	: nach Christi Geburt (16)
posteā	: danach, später (5 A)
posterī, -ōrum	: Nachkommen (7 A)
postquam	: nachdem (5 A)
postrēmō	: zuletzt, endlich (6 B)
postridie	: am nächsten Tag (4)
pōtiō, pōtiōnis f.	: Trank, Getränk (13)

praecēdere (m. Acc.)	: vorausgehen (6 B)
praecipitāre	: sich kopfüber (hinein)stürzen (5 A)
praefectūra	: Kommandantur (9)
praefectus urbis	: Statthalter (16)
praetereā	: darüberhinaus, außerdem (5 C)
precibus petere	: höflich um etwas bitten (10)
prīmā lūce	: früh morgens (8)
prīmō	: zuerst, anfangs (16)
prīmum	: zuerst, zum ersten Mal (6 A)
prō (m. Abl.)	: vor, für, anstatt (16)
prōcēdere	: vorangehen, glücken (11)
prōcērus	: hochgewachsen, groß (9)
prope (m. Acc.)	: nahe, nahe bei (8)
properāre	: laufen, eilen (1)
proprius	: eigen, eigentümlich (11)
prōspectāre	: Ausschau halten (10)
prōvehī	: vorwärts-, fortführen (6 B)
prōvincia	: Provinz (10)
proximus	: nahe, nahegelegen (6 B)
pūblicum	: Öffentlichkeit (8)
Pūblius	: Publius (Eigenname) (2)
pudīcē	: schüchtern, verschämt (2)
puella	: Mädchen (1)
puer, puerī m.	: Junge (6 B)
pūnīre	: bestrafen (8)
putāre	: glauben, meinen (7 A)

Q

quadrīgae (Pl.)	: Viergespann (4)
quaerere	: suchen (11)
quam	: als, wie (5 C)
quam celerrimē	: möglichst schnell (13)
quamdiū	: wie lange (9)
quamquam	: obwohl (5 A)
quasi	: gleichsam wie (12)
quattuordecim	: vierzehn (7 B)
-que	: und (4)
quī, quae, quod	: dieser,diese,dieses; (6 B) welcher,welche,welches
quid?	: was? (2)
quīdam	: ein gewisser (5 B)
quīn etiam	: ja sogar (15)
Quintus	: Quintus (Eigenname) (2)
quintus, -a, -um	: der fünfte (4)
quirītātus, -ūs m.	: Hilferuf (12)
quod	: weil (2)
quod...attinet	: was...betrifft (10)
quoque	: auch (2)

R

recēdere	: weggehen, sich zurückziehen (4)
recūsāre	: ablehnen, verweigern (10)
reddere	: zurückbringen, -geben (6 B)
refulgēre	: erstrahlen (12)
regiō, regiōnis f.	: Gegend, Region (14)
rēgnum	: Königreich,-sherrschaft (7 A)
relinquere	: verlassen, zurücklassen (3)
remanēre	: zurückbleiben, verbleiben (16)
repellere	: zurückstoßen (12)
requīrere	: vermissen (15)
rēs, reī f.	: Sache, Ding, Angelegenheit (5 C)
resistere	: sich widersetzen, Widerstand leisten (13)
respondēre	: antworten (7 B)
retinēre	: zurückhalten (12)
rē verā	: tatsächlich (11)
rēx, rēgis m.	: König (7 A)
Rhēnus	: Rhein (14)
rīdēre	: lachen (2)
rīpa	: Ufer (7 A)
Rōmae	: in Rom (3)
Rōmānus	: römisch (8)
rubēre	: rot werden, sich röten (4)
rūrsus	: wieder, von neuem (5 C)

S

saepe	: oft (7 B)
salūtāre	: begrüßen (2)
Salvē!	: Sei gegrüßt! (2)
sapere	: schmecken (3)
scālae, -ārum f.	: Stiege, Treppe (5 B)
scīlicet	: natürlich (14)
scīre	: wissen, verstehen (16)
scrībere	: schreiben (5 C)
sē	: sich (5 A)
sē bene habēre	: sich wohlfühlen (5 C)
sēcum	: mit sich (13)
sēcūre	: sorglos (6 A)
sed	: aber (2)
sedēre	: sitzen (11)
sēdēs, sēdis f.	: Sitz, Wohnsitz (11)
sēdulus	: emsig, geschäftig (6 A)
sē iuvāre (m. Acc.):	Freude an etw. haben (6 A)
sella	: Stuhl, Hocker (6 A)
semper	: immer (12)
sentīre	: fühlen, meinen, wahrnehmen (6 A)
sē ornāre	: sich schmücken (4)
sēparātus	: gesondert, abgetrennt (6 A)

septimus decimus:	der siebzehnte (8)
sequī (m. Acc.)	: folgen (6 B)
sē recreāre	: sich erholen (16)
servāre	: retten, bewahren (7 B)
servus	: Diener, Sklave (4)
sēstertius	: Sesterz (röm. Währungseinheit) (16)
sī	: wenn (9)
siccus	: trocken (12)
sīgnum	: Zeichen, Startzeichen (4)
silentium, -ī n.	: Ruhe (5 C)
sine (m.Abl)	: ohne (15)
situs, -a, -um	: gelegen (5 B)
socius	: Gefährte, Freund (6 B)
sōl, sōlis m.	: Sonne (12)
sollemnia nuptiārum:	Hochzeit (11)
sōlus, -a, -um	: alleine (5 A)
solvere	: bezahlen, lösen (5 A)
sorbitiō piscāria	: Fischsuppe (13)
spectāculum	: Schauspiel (4)
spectāre	: betrachten, ansehen (1)
spērāre	: hoffen (11)
stāgnum	: Teich (5 C)
stāre	: stehen (8)
statim	: sofort (2)
statua	: Statue (5 C)
studium	: Studium (10)
stupēre	: stutzen, verblüfft sein (9)
stupidus	: blöd (2)
suādēre	: (an)raten, empfehlen (14)
subdūcere	: hinaufführen (5 B)
subīre	: auf sich nehmen (6 B)
subitō	: plötzlich (1)
sum	: ich bin (3)
sunt	: sie sind (3)
suus, -a, -um	: sein, ihr (5 B)

T

taberna	: Gaststätte, Kneipe (1)
tabernae alumnus:	Lehrling, Azubi (16)
tacēre	: schweigen (2)
tamen	: dennoch (5 A)
tamquam	: gleichsam wie (6 B)
tandem	: endlich (1)
tantummodo	: nur, lediglich (6 A)
taurus	: Stier (5 C)
tē (Acc. v. tū)	: dich (10)
templum	: Heiligtum, Tempel (16)
tempus, temporis n.:	Zeit (8)
tentōrium	: Zelt (9)
tepidārium	: Warmwasserbecken (5 A)
terra	: Land, Erde (4)
tessera	: Eintrittsmarke (5 A)
thermae (Pl.)	: Thermen, Hallenbad (3)

Tiberis, -is m.	: Tiber (5 C)
timidus	: ängstlich (12)
timor, timōris m.	: Angst (13)
titubanter	: schwankend (5 B)
titubāre	: schwanken, taumeln (5 B)
toga	: Toga (8)
toga praetexta	: Kindertoga (8)
toga virīlis	: Männertoga (8)
tōtus	: ganz (9)
trāns (m. Acc.)	: über (5 C)
tremor, -ōris m.	: Beben, Zittern (12)
trepidāre	: zittern, schwanken (6 B)
trēs	: drei (2)
triclīnium	: Speisezimmer (6 A)
trīstis,trīstis,trīste	: traurig (11)
Trōiānus	: trojanisch, Trojaner (7 A)
tū	: du (3)
tuba	: Trompete (4)
tum	: dann, daraufhin (1)
turbō, -inis m.	: Wirbelwind (15)
tūtus	: sicher, geschützt (10)
tuus, -a, -um	: dein (2)

U

ubī	: 1. sobald (Konjunktion); 2. wo? (7 B)
ululāre	: heulen, laut schreien (15)
ululātus, -ūs m.	: Geheul, Geschrei (12)
umbra	: Schatten (5 C)
ūnā cum	: zusammen mit (4)
ūndecim	: elf (16)
ūnus, -a, -um	: einer, ein einziger (6 A)
urbs, urbis f.	: Stadt (7 A)
ut (m. Ind.)	: wie (6 A)
ut (m. Konj.)	: dass (14)
ūtī (m. Abl.)	: benutzen, gebrauchen (14)
ūtilis, ūtilis, ūtile	: nützlich, brauchbar (14)
uxor, uxōris f.	: Ehefrau (7 B)

V

vacca	: Kuh (5 C)
valdē	: sehr, stark, heftig (6 A)
valēre dīcere	: sich verabschieden (5 A)
-ve	: oder, oder auch (12)
vel	: oder (5 A)
velle	: wollen (7 A)
vēlōx, -ōcis	: schnell, rasch (15)
vendere	: verkaufen (8)
venīre	: kommen (4)
verbum	: Wort (4)
versus	: nach...hin, in Richtung (14)

versus, ūs m.	: Vers (15)
vertere	: wenden, drehen (7 B)
vērus	: wahr, wahrhaftig, echt (12)
vestīmentum	: Kleidung (8)
vetus, veteris	: alt (14)
via	: Weg, Straße (5 C)
victor, victōris m.	: Sieger (6 B)
vīcus	: Dorf (13)
vidēre	: sehen (1)
vīgintī	: zwanzig (9)
vīlla	: Villa, Landhaus (5 B)
vincere	: siegen, besiegen (13)
vīnōsus	: weinselig, betrunken (15)
vīnum	: Wein (1)
vir, virī m.	: Mann (5 B)
virgō, virginis f.	: junge Frau (8)
virtūs, virtūtis f.	: Tapferkeit (6 B)
vīs	: du willst (3)
vīsitāre	: besuchen (11)
vīta	: Leben (5 C)
vītam agere	: leben, das Leben verbringen (5 C)
vīvere	: leben (6 A)
vōbīs	: euch (2)
vocāre	: rufen (7 B)
vōs	: ihr (3)
vōx, vōcis f.	: Stimme (5 B)

REGISTER

ABBILDUNGSVERZEICHNIS

Die 'echten' Germanen jenseits des Rheins hat Marcus nie richtig kennengelernt; in den Werken eines Schriftstellers liest er, wie sie angeblich sein sollen:

Statim e somno, quem plerumque in diem extrahunt,

Vokabeln Bild oben:	
plerumque:	meistens
extrahere:	hinausziehen

lavantur, saepius calida, ut apud quos plurimum hiems occupat.

Vokabeln Bild links:	
lavare:	waschen
calidus:	warm
plurimum:	den größten Teil des Jahres
hiems:	Winter
occupare:	in Beschlag nehmen

Vokabeln Bild links:

singulus: einzeln
quisque: jeder

Lauti cibum capiunt;
separatae singulis sedes et
sua cuique mensa.

Vokabeln Bild unten:

nec: und nicht
minus: weniger
armatus: bewaffnet
continuare: aneinander-
              reihen
potare: trinken
probrum: Schande
creber: häufig
vinolentus: betrunken
rixa: Streit
raro: selten
convicium: lautes
              Geschrei
caedis: Blutbad
vulnus: Wunde
transigere: austragen

Tum ad negotia, nec minus saepe ad convivia procedunt armati.
Diem noctemque continuare potando nulli probrum. Crebrae,
ut inter vinolentos, rixae raro conviciis, saepe caede et
vulneribus transiguntur.
(Tacitus, Germania, 22)